本书系中缅泰老"黄金四角"跨流域合作与共生治理体系研究（国家社科规划办重大项目16ZDA041）资助项目

光明社科文库
GUANGMING DAILY PRESS:
A SOCIAL SCIENCE SERIES

·经济与管理书系·

澜湄合作的府际治理
与云南参与路径研究

闫晓燕丨著

光明日报出版社

图书在版编目（CIP）数据

澜湄合作的府际治理与云南参与路径研究 / 闫晓燕
著 . -- 北京：光明日报出版社，2023.10
ISBN 978 - 7 - 5194 - 7553 - 6

Ⅰ. ①澜… Ⅱ. ①闫… Ⅲ. ①澜沧江—流域—国际合
作—区域经济合作—研究—云南②湄公河—流域—国际合
作—区域经济合作—研究—云南 Ⅳ. ①F127.74
②F125.533

中国国家版本馆 CIP 数据核字（2023）第 198892 号

澜湄合作的府际治理与云南参与路径研究
LANMEI HEZUO DE FUJI ZHILI YU YUNNAN CANYU LUJING YAN-
JIU

著　　者：闫晓燕

责任编辑：李壬杰　　　　　　　责任校对：李　倩　乔宇佳
封面设计：中联华文　　　　　　责任印制：曹　净

出版发行：光明日报出版社
地　　址：北京市西城区永安路 106 号，100050
电　　话：010-63169890（咨询），010-63131930（邮购）
传　　真：010-63131930
网　　址：http://book.gmw.cn
E - mail：gmrbcbs@gmw.cn
法律顾问：北京市兰台律师事务所龚柳方律师

印　　刷：三河市华东印刷有限公司
装　　订：三河市华东印刷有限公司
本书如有破损、缺页、装订错误，请与本社联系调换，电话：010-63131930

开　　本：170mm×240mm
字　　数：208 千字　　　　　　印　　张：14
版　　次：2024 年 3 月第 1 版　　印　　次：2024 年 3 月第 1 次印刷
书　　号：ISBN 978 - 7 - 5194 - 7553 - 6

定　　价：89.00 元

前　言

随着世界经济全球化、区域经济一体化进程加快，以及国际分工的驱动，次区域合作蓬勃兴起。次区域合作理论也成为地理学、政治学和经济学领域的新交叉方向和研究热点。随着人类命运共同体的构建和"一带一路"倡议的提出，强化次区域合作成为中国进一步扩大开放的战略选择。亚洲开发银行（以下简称"亚行"）牵头建立的大湄公河次区域经济合作（GMS）机制，经过多年的发展，已趋近于资源分配的"帕累托最优"；从经济贸易、基建水平、能源保障、非传统安全、民族团结、科教文卫事业等领域的合作活动看，与澜湄（澜沧江—湄公河）次区域主体需求错配，趋近于一种非合作博弈的"纳什均衡"。次区域合作的层次、范围、规模和水平迫切需要提升。中国倡导建立的澜沧江—湄公河合作（以下简称"澜湄合作"），是次区域合作的提质升级版。自成立以来，澜湄合作进展良好，成效显著。作为一个崭新的合作机制，在人类命运共同体先行先试的典型引领方面，在中国塑造良好国际形象、着力促进周边外交方面显现出积极作用，产生了深远影响。作为世界政治经济的热点地区，澜湄次区域不可避免地受到"百年未有之大变局"的影响和冲击。在次区域合作过程中，由于地缘形势错综、民族宗教复杂、国家实力悬殊、民粹主义盛行、发展理念差异、深度贫困及大国博弈的影响等，澜湄次区域各国一边互动活动增多、程度增强，不断获取澜湄合作的利益；一边出于各方面考量主动或被动地做出不同的决策，在一定程度上制约了澜湄合作的发展进程。

在我国参与澜湄合作进程中，除国家层面主导和助推之外，地方政府也发挥着不可或缺的作用。如云南省（以下简称"云南"）地处中国与南亚东南亚接合部，与流域内各国地缘区位临近、地域文化相通、边贸合作历史悠久、互联互通无缝衔接，具有先天地缘优势。而且作为次国家行为体，为了实现高质量跨越式发展，云南主动融入、积极参与澜湄合作，致力于实现"建设面向南亚东南亚辐射中心"和成为中国新一轮对外开放的最前沿，参与次区域合作的积极性较高、能动性较强。鉴于次国家行为体融入次区域府际关系治理对于促进次区域合作具有现实意义和正外部效应，通过次级政府之间府际合作和府际关系治理，不仅可以解决国家主体的功能不足或机制不畅问题，还能实现地方政府自身发展利益，激活内生动力，借助外部推力，坚持重点带动、整体推进，对于拓展次级政府发展空间，推动澜湄合作的发展具有积极而深远的影响。

本书以澜湄合作为研究背景，围绕次区域合作过程中的府际关系治理这一研究主题，以云南参与澜湄合作的路径为实证内容，借助次区域合作理论、府际关系治理理论、劳动地域分工理论、地缘经济外部性理论和演化博弈理论等，运用文献研究法、比较研究法、假设分析法、因子模型构建法、演化博弈分析等方法，通过分析澜湄合作的外部环境（人类命运共同体构建、大国日趋激烈的战略博弈、全球治理体系变革与发展、传统安全和非传统安全风险交织）、次区域的现实情况（外交取向选边站驱稳、发展梯度倒逼合作力度驱强、经贸合作向多领域拓宽、制定地缘战略趋同），从微观机理、中观区域和宏观政策三个维度，对微观主体利益决策特征、博弈过程和驱动机理进行分析，厘清次区域主体利益诉求和决策特征，构建了一个次区域合作中府际关系治理驱动机制的微观机理分析框架——APT-R因子模型；进行了多情境府际合作关系的模拟和验证，比较分析了三种策略扰动下的府际关系演化过程与机制运行效果，揭示府际合作实现的驱动机制与实现过程；从府际关系、策略扰动者利益承诺和策略随动者利益诉求三个方面揭示了驱动因素与驱动过程，表明了多主体、多领域、多层级的合作框架是澜湄机制的独特优势，从而进一步丰富和完善次区域合作研究的框架和方法论；为次区域合作中的府际治理的多主体磋商、多利益导向、多层级合作提供理论支撑。

本书聚焦经济全球化、区域经济一体化、中国"一带一路"倡议和云南"面向南亚东南亚辐射中心建设"等实践热点问题，以次区域经济地域分工新趋势和不同阶段主体利益诉求变化为线索，通过分析阐述GMS的成效与利益契合度、澜湄合作成效与利益契合度，对云南融入澜湄合作机制的必要性与路径选择，提出了如下观点：一、逆全球化和东南亚金融危机影响下，湄公河流域国家发展诉求由外向型经济向多领域合作共赢转变；二、澜湄合作机制契合了这一府际合作需求变化，强调多边网络化合作、多领域共建共享和命运共同体等合作理念与机制，是次区域合作的更高版本；三、中国作为大国，在推进澜湄合作进程中难免会受到地缘博弈阻力，而云南在区位、文化、基础方面具有消除合作阻力的先天优势，因此得出"畅澜湄机制必先增强云南功能"的结论，为强化云南建设"面向南亚东南亚辐射中心"功能提出了路径设计与对策建议。在实际运用层面，对"黄金四角"府际合作案例进行实证分析，提出实施"黄金四角"府际合作，有助于将府际关系"问题区"向府际合作"试验区"转型。对于云南充分发挥自身区位优势发挥主观能动性，因地制宜助推国家推进澜湄合作的进程具有一定的参考作用。

本书在理论分析框架、研究视角拓展、模型机制构建等方面的创新有以下几点。一是将云南融入澜湄合作这一实践问题纳入框架进行分析，并建立次区域合作的演化博弈模型，比较分析了GMS和澜湄合作两种情境下的演化博弈过程与合作驱动机制，模拟GMS、澜湄合作和云南融入澜湄合作三种情境的演化过程，从驱动机制、情景模拟的微观层面论证得出"畅澜湄机制必先增强云南功能""次区域府际治理需要的多主体磋商、多利益导向、多层级合作"的结论。二是将府际关系治理纳入次区域合作的研究，是次区域合作研究的视角拓展。构建次区域府际关系治理的分析框架，丰富并拓展了传统国家内部次级政府合作的研究。通过梳理云南参与湄公河流域区域合作的历史进程、作用瓶颈和强化辐射功能的对策，验证次区域府际关系研究框架的可行性和云南开展次级政府之间府际合作的路径，为拓展云南参与路径，强化云南辐射功能提供对策建议与科学机制支撑。三是构建APT-R因子模型。通过分析演化，强化"云南功能"在中国与湄公河流域国家命运共同体建设中的作用。对云南辐射功能的强化赋权、拓展路径、参与领域进行了政策框架构建，针对服务国家推进"命运共同体"建设需求和云南功能短板的供需矛盾，提出拓展云南参与路径的五大领域和增强云南功能的五点建议，充分发挥云南区位优势和开放功能，服务"一带一路"和澜湄人类命运共同体建设，使云南更好地融入国内国际双循环新格局。

目 录
CONTENTS

第一章

绪　论

第一节　问题的提出

进入 21 世纪以来，经济全球化和区域经济一体化已成为世界经济发展的总趋势和突出特征。加强次区域合作，已经成为多数国家全球化战略的重要步骤与组成部分。澜沧江—湄公河流域的中国、泰国、柬埔寨、老挝、缅甸、越南等国家一江相连、一衣带水，是陆上丝绸之路与"海上丝绸之路"交汇之地，且自古以来政治、经济、文化等交流密切，地缘合作优势明显，互利共赢利益趋同，加快澜湄合作有助于澜湄流域各国加快发展、加强互联互通，有利于推动国际政治经济新秩序的建立，推动我国"一带一路"倡议深入发展。

1992 年，亚洲开发银行（以下简称"亚行"）主导建立了大湄公河次区域经济合作（GMS）机制，为中国、泰国、老挝、缅甸、柬埔寨和越南等六国发挥比较优势，参与国际产业链协作提供了平台和路径，帮助这些国家逐步构建起外向型经济，积极参与和融入次区域经济合作。机制成立以来，六国在基础设施投资、资源开发利用、环境保护治理、经济可持续发展等领域成效显著，有力推动了次区域内经济一体化进程，受到了国际社会的广泛关注。然而，流域的部分国家仍处于对外贸易价值链的低端，且对外依赖性较强、抵抗经济风险能力较弱。2008年，国际金融危机爆发后，这一特征更加显性化，倒逼次区域各国注重内生增长机制，强化次区域内部合作，特别是互联互通、能源利用、消费拉动和非传统安全合作等方面。次区域合作的深化发展迫切需要一个全方位、多层次、宽领域的新合作机制。

2015年11月12日，中国倡导建立澜沧江—湄公河合作机制（以下简称"澜湄合作"），致力于"打造澜湄流域经济发展带，共建澜湄国家命运共同体"，在一定程度上提升了各国之间政治互信，促进了各国经济社会发展，坚持各国睦邻友好和深化务实合作，加快了次区域一体化进程。随着制度不断完善、框架不断优化、互联互通设施加速建设、科教文卫交流密切开展等，澜湄合作机制呈现出勃勃生机。

在澜湄合作进程中，云南"面向三亚（东南亚、南亚、西亚），肩挑两洋（太平洋、印度洋）"，与越南、老挝、缅甸三国陆地接壤，与泰国、柬埔寨两国毗邻，有4060千米边境线，地理位置独特，区位优势明显，作为连接我国与南亚、东南亚的国际大通道和通往印度洋最近的陆上通道，具有先天优势和不可替代的作用。尤其是随着"一带一路"倡议的提出，长江经济带的建设发展，云南已成为我国开发、开放的前沿省份和辐射中心。[①]然而，在参与次区域合作进程中，由于经济实力相对落后、边贸便利化改革受限、产业集聚度不高、驱动投资的财力与社会资本不足、社会文化领域对外合作平台缺失等原因，制约了云南参与次区域合作的能力和水平。云南作为地方政府，在参与澜湄合作过程中，如何充分发挥地缘区位优势，充分彰显开发、开放的前沿省份和辐射中心的功能优势，进而有效解决国家主体的功能不

---

① 周方银."一带一路"面临的风险挑战及其应对［J］.国际观察，2015（4）：18-20.

足或机制不畅的问题，是本书的核心问题。

综上所述，本书以中国云南省参与次区域合作过程中的府际关系治理作为分析研究对象，深入探讨次区域府际合作的驱动机制，构建府际关系治理的 APT-R 因子模型，提出政府之间的合作意愿取决于发展引力（A）、梯度压力（P）、战略推力（T）和博弈阻力（R）四个因素，进而依据 APT-R 模型进行情景模拟分析，分析实证区域府际关系治理的路径优化，基于"畅澜湄机制必先强云南功能"这一出发点，为云南积极参与澜湄合作提供路径选择和决策依据，助推澜湄合作机制顺畅高效运行。

第二节 研究意义

从理论意义来看，本书将府际关系理论纳入次区域研究是次区域合作研究的视角拓展。在次区域合作过程中，次区域合作水平与府际关系治理水平密切相关。在传统地缘政治与府际关系理论中，主权国家一直是跨区域合作的主体。随着次区域合作机制的深化，合作领域不断拓展，合作路径不断延伸，合作主体呈现多层级下沉，国家内部的次级政府越来越积极地参与次区域府际合作，次级政府的拓展功能和合作效果不断提升。因此，将传统的国家内部府际关系研究向次区域府际关系延伸，不仅是对府际合作理论的深化，也是对次级政府主体在府际合作的分析框架、驱动机制、功能作用研究的有益尝试。通过借助府际关系理论、次区域合作理论和演化博弈理论构建分析框架，并侧重于对利益主体微观决策特征、博弈过程和驱动机理进行分析，建立 APT-R 因子模型，将复杂、繁多的影响因素梳理为发展引力、梯度压力、战略推力和博弈阻力，形成对复杂次区域合作影响因素的归纳方法与驱动结构；构建府际关系合作博弈模型，定义次区域主体利益诉求、决策特征，界定策略扰动者和策略随动者，并模拟不同合作稳态下的决策过程，为府际治理的多主体磋商、多利益导向、多层级合作提供理论支撑。

从实践价值来看，地方政府作为我国参与次区域府际合作的主要承担者，在我国系列制度安排中起着重要的承接和纽带作用。无论是地缘性次区域合作，还是飞地型合作区建设，地区政府的作用和功能都不容忽视。改革开放以后，我国政治、经济体制改革是地方政府参与次区域合作的背景，中央政府的授权和引导是地方政府参与次区域合作的动力。地方政府参与次区域合作，一是坚决服从并贯彻落实国家的发展战略方针，推进次区域各领域合作项目有序开展；二是积极融入国际经济体系、促进地方经济发展内在需求的驱动。地方政府参与次区域合作的动力还来自国家主体的功能不足和机制不畅等问题的诉求，对于追求自身发展利益、拓展发展空间愿景的驱动有积极的作用。地方政府参与区域合作不仅具有积极性和主动性，还具备创造性、先导性、灵活性、低政治敏锐性等优势。①

第三节　国内外相关研究进展

一、次区域合作研究进展

次区域合作是随着经济全球化和区域经济一体化进程的加快

---

① 江长新．次国家政府参与国际合作问题研究［D］．长春：吉林大学，2011：80．

而广泛出现的一种区域合作现象，产生于 20 世纪 80 年代末 90 年代初。① 次区域间分工朝专业化、精细化方向迈进是次区域合作的现实基础，跨区域公共问题和跨区域资源合理配置的内在诉求不断增加是次区域合作的内生动力。与此同时，次区域合作理论研究日渐充实，自成体系。

国外关于次区域合作的研究主要分为三类。第一类主要研究合作的基本概念、要素、框架和方法。如美国的罗伯特·安东尼·斯卡拉皮诺（Robert A. Scalapino）将次区域协同过程纳入"自由的经济领土"范畴，在描述珠江三角洲至香港、新柔廖三角洲等政治边界的经济交换案例中，运用"自由"这一概念来着重说明政策适当干预对推动要素在次区域内自由流动的影响。② 加拿大学者麦吉（T. G. McGee）和黄玉玲（Ooi Giok Ling）分别从"核心—边缘"理论、经济外部性理论和区域经济合作溢出效应测度等理论和方法，对次区域经济合作的研究框架和分析方法做出贡献。③ 第二类是对于次区域合作机制的研究，如 GMS。一是域外参与国在 GMS 中的实践与实施战略，如杰弗里·雅各布斯（Jeffery Jacobs）研究了美国参与合作的可行策略。④ 小笠原孝礼（Takayuki Ogasawara）认为参与大湄公河次区域经济合作应作为日本东亚政策的首要部分。⑤ 二是 GMS 机制中大国博弈及博弈背

---

① 李铁立，姜怀宇. 次区域经济合作机制研究：一个边界效应的分析框架 [J]. 东北亚论坛，2005（3）：92-96.

② SCALAPINO R A . United States and Asia：Future Prospects [J]. Forgn Aff, 1990, 70（5）：19-40.

③ OOI GIOK LING. The Indonesia－Malaysia－Singapore Growth Triangle：Sub－regional economic cooperation and integration [J]. 1995, 36（4）：337-344.

④ JACOBS J W, J. The United States and the Mekong Project [J]. Water Policy, 1998, 1（6）：587-603.

⑤ TAKAYUKI OGASA AWARA. Development of the Mekong Region as Part of Japan's Dip1omati c Strategy for East Asia [J]. Asia Pacific Reviev, 2015, 22（1）：34-45.

景下各国之间的合作竞争。索科姆·佩奇（Sokhem Pech）指出大国关系下，次区域合作中的竞争和博弈难以避免，为此从整体上建立一套区域合作机制至关重要。① 斯科特·皮尔斯-史密斯（Scott W. D. Pearse-Smith）聚焦论述了域内外主要国家在 GMS 政策机制下，双方之间的矛盾问题。② 阮德琪（Nguyen D Q）等研究发现，越南在参与大湄公河次区域过程中并未获益，而是与中国存在显著的贸易逆差。③ 三是对 GMS 机制中某一具体合作领域或问题开展专门研究，研究重点涉及经济合作、资源开发等。阿比盖尔·马基姆（Abigail Makim）④、万纳瑞斯（Chheang Van-narith)⑤ 分别从国际政治关系、国际资源合作、环境与经济合作的视角，对 GMS 存在的问题进行了归纳。

国内关于次区域合作的研究，其一是对"成长三角"的理论研究。国内的陆建人⑥，汤敏⑦，余昺雕、蔡旭阳和卢丽⑧较早关注"增长三角"，对"增长三角"进行了进一步的定义、阐释和分析，认为"次区域经济合作"具有地域邻近性、重在经济合

---

① SOKHEM P , SUNADA K , OISHI S . Managing transboundary rivers: The case of the Mekong River Basin［J］. Water International, 2007, 32（4）: 503-523.

② PEARSE-SMITH S W D. "Water War" in the Mekong Basin? ［J］. Asia Pacific Viewpoint, 2012, 53（2）: 147-162.

③ LE B H , NGUYEN D Q , VU K T , et al. Economic Cooperation in the Greater Mekong Sub—Region［J］. Journal of Economic Integration, 2020, 35.

④ Makim, Abigail. Resources for Security and Stability? The Politics of Regional Cooperation on the Mekong, 1957-2001［J］. Journal of Environment & Development, 2002.

⑤ VANNARITH C. Environmental and Economic Cooperation in the Mekong Region ［J］. Asia Europe Journal, 2010, 8（3）: 359-368.

⑥ 陆建人. "增长三角": 亚洲区域经济合作的新形式［J］. 亚太研究, 1994（1）: 33-38.

⑦ 汤敏. 成长三角区在亚太地区的发展及对我国的启示［J］. 太平洋学报, 1995（2）: 118-125.

⑧ 余昺雕，蔡旭阳，卢丽. 成长三角: 理论与现实: 图们江与湄公河地区"成长三角"开发实践的比较［J］. 东北亚论坛, 1999（4）: 1-6.

作、强调政府行为的特征等。陆建人、汤敏等均认为"三角"区域合作模式是基于地域上的便利性，区域内各国可实现资源互补，获得生产、贸易、运输、通信等环节的相对比较利益。余昂雕支持要成为某种形式的"成长三角"，除了具备地理邻近、经济互补特性外，还应具备政府间相互协调的可能性。其二是对次区域合作模型、阶段、功能的研究。李铁立指出边界由屏蔽状态向中介状态转化时，毗邻国家会就近合作，追求福利水平的"帕累托改进"①。吕健利用合作博弈论的方法建立次区域合作模型，通过合作博弈的研究方法进一步深化了次区域合作的理论研究。②任金明运用 OCA 指数法对次区域经济合作进行横向对比分析，探析了决定次区域协作成本的核心要素，深化并拓展了国内研究视野。③ 胡志丁等归纳了次区域合作经历了"次区域经济合作研究，次区域经济合作的非经济效应研究，次区域合作的非经济影响因素及非经济领域合作研究"三个阶段④，并构建博弈模型寻找次区域合作均衡解。⑤ 柳思思提出次区域合作对于中观领域甚至微观领域的层面比较关注，较为关注边界从屏蔽效应走向中介效应与跨境区位经济功能的建构。⑥ 曹明福和刘洋以现实中关税、非关税壁垒对区域合作造就的冲击为前提，建立 GTAP 模型，模拟

---

① 李铁立. 边界效应与跨边界次区域经济合作研究 [M]. 北京：中国金融出版社，2005：109.

② 吕健. 大湄公河次区域经济合作的博弈论分析 [J]. 云南财经大学学报（社会科学版），2005（5）：35-36.

③ 任金明. 中国—东盟次区域经济圈的货币一体：利用 OCA 指数法对东亚次区域货币合作的研究 [J]. 管理观察，2008（21）：44-47.

④ 胡志丁，骆华松，熊理然，等. 次区域合作研究方向的变迁及其重新审视 [J]. 人文地理，2011，26（1）：61-65.

⑤ 胡志丁，吴殿廷. 次区域合作均衡及其政策含义：一个博弈论的视角 [J]. 国际经贸探索，2011（10）：71-76.

⑥ 柳思思. "一带一路"：跨境次区域合作理论研究的新进路 [J]. 南亚研究，2014，108（2）：1-11，156.

分析了国民生产总值、福利效应、贸易水平三个指标对次区域经济合作的影响。[1] 其三是关于 GMS、澜湄合作的研究。主要涉及域外国家参与 GMS 的背景、参与实践与参与影响的研究。马燕冰[2]、任远喆[3]、常思纯[4]分别对印度、美国、日本介入大湄公河地区的主因进行了分析。马燕冰认为，印度"东向"战略的实施主要为强化印度对东南亚战略要地的控制；任远喆认为，奥巴马政府时期美国主动介入大湄公河地区旨在加强同东盟的关系、提高美国国际形象等；常思纯认为，日本积极参与 GMS 的原因除了确保自身经济利益外，更重要的是牵制我国在府际合作中的地位、作用和影响力。卢光盛和张励基于对澜湄跨境安全问题的分析，探究了非传统安全的根源，并提出相应建议。[5] 毕世鸿指出，日本、美国等域外国家加入 GMS 引发了各国间的博弈，加剧了大国利益竞争程度。[6] 其四，是关于中国参与大湄公河次区域合作的进展、障碍与出路，中国地方政府参与 GMS 的对策[7]，中国地方政府参与次区域合作的动力、行为及机制，"一带一路"提出后的次区域合作，次区域合作研究重点理论的变迁，地方政府参

---

① 曹明福，刘洋．"一带一路"倡议下中俄蒙区域经济合作研究：基于 GTAP 模型的实证分析［J］．财经理论研究，2018，185（6）：23-33.

② 马燕冰．印度"东向"战略的意图［J］．和平与发展，2011，123（5）：42-48，72.

③ 任远喆．奥巴马政府的湄公河政策及其对中国的影响［J］．现代国际关系，2013，280（2）：21-26.

④ 常思纯．日本为何积极介入湄公河地区［J］．世界知识，2018，1736（21）：22-23.

⑤ 卢光盛，张励．澜沧江—湄公河合作机制与跨境安全治理［J］．南洋问题研究，2016，167（3）：12-22.

⑥ 毕世鸿．机制拥堵还是大国协调：区域外大国与大湄公河地区开发合作［J］．国际安全研究，2013，31（2）：58-73，156-157.

⑦ 贺圣达．大湄公河次区域合作：复杂的合作机制和中国的参与［J］．南洋问题研究，2005（1）：6-14，45.

与区域合作的动力和保障等。① 张励和卢光盛②基于中国参与澜湄合作机制与周边国家现存的沟通困境，开创性地提出"水外交"概念；此外，张励、卢光盛和贝尔德还对次区域内水资源跨界协作中的信任危机进行了深度剖析，为拓展信息双向传递渠道，提倡要树立"水命运共同体"意识。③ 李晨阳针对我国在澜湄合作中面临的机遇与挑战，提出"加大投入、构建网格状澜湄智库"的主张。④ 卢光盛在探讨大湄公河地区诸多机制异同的基础上，提出中国从中脱颖而出的"中路突破、重点经营、撬动两翼"战略走位。⑤ 卢光盛和金珍分析了澜湄合作机制面临与老机制的衔接、流域其他国家对澜湄合作机制的认可和接受程度、中国对澜湄合作机制的支持力度三方面的困难。⑥ 戴永红和曾凯认为，中国应明确澜湄合作机制定位，重点经营与老挝、泰国、柬埔寨三国的合作，拓宽合作渠道，促进澜湄合作机制取得突破性进展。⑦ 刘稚和徐秀良认为澜湄合作是"一带一路"建设的重要平台，对于推进"一带一路"建设，践行亲诚惠容的周边外交理念具有重要的战略意义。⑧ 黄河等充分肯定了澜湄合作机制在推

---

① 陈志敏. 次国家政府与对外事务［M］. 北京：长征出版社，2001.

② 张励，卢光盛. 从应急补水看澜湄合作机制下的跨境水资源合作［J］. 国际展望，2016，8（5）：95-112，151-152.

③ 张励，卢光盛，贝尔德. 中国在澜沧江：湄公河跨界水资源合作中的信任危机与互信建设［J］. 印度洋经济体研究，2016（2）：16-27，157.

④ 李晨阳. 澜沧江—湄公河合作：机遇、挑战与对策［J］. 学术探索，2016，194（1）：22-27.

⑤ 卢光盛. 澜湄机制如何从大湄公河地区诸多边机制中脱颖而出？［J］. 当代世界，2016，414（5）：28.

⑥ 卢光盛，金珍. "澜湄合作机制"建设：原因、困难与路径？［J］. 战略决策研究，2016，7（3）：22-38，105-106.

⑦ 戴永红，曾凯. 澜湄合作机制的现状评析：成效、问题与对策［J］. 国际论坛，2017，19（4）：1-6，79.

⑧ 刘稚，徐秀良. "一带一路"背景下澜湄合作的定位及发展［J］. 云南大学学报（社会科学版），2017，16（5）：94-100.

动我国同周边域内国家商品互换中的地位。① 谈谭探讨了中、缅、泰、老四国大湄公河联合巡逻执法的缺陷，指出在处理同合作者关系中要充分发挥正外部性及相邻示范作用。② 随着"一带一路"倡议的推进，相关研究（如水资源安全治理视角下的澜湄合作、贸易和投资便利化框架下的澜湄合作、环境利益分配状态下的澜湄合作等）也在不断细化、深化。

综上所述，西方学者在次区域合作研究中以经济层面为核心，更加强调区域经济合作的自发性。研究的内容和结论存在主观性较强、客观性缺失的情况。国内学者从政府之间关系、城市群之间关系等角度出发，进一步深入研究次区域经济合作，并逐步转变为对经济、政治、流域治理、环境保护等多领域的综合研究，综合考虑参与成员国或参与地区的经济发展状况，与中国实际国情相结合，对具体次区域合作进行实证研究。但是，目前，学界在对次区域合作的意义、经济发展等领域研究众多，而缺乏对政治、地区安全合作基础以及相关保障机制等方面的研究，对于次区域合作的理论机制仍未形成统一的认识。

二、府际治理研究进展

府际治理即府际关系的治理。府际关系是美国政府在应对经济危机时产生的，府际关系除注重政府间的协调与合作外，还注重公私部门的协同治理，可也因此忽略了企业、其他组织及个人的参与度。受全球经济一体化发展、社会民主普及愈加广泛的影响，政府更加注重各地分权管理，政府间合作呈现多样化的趋

---

① 黄河，杨海燕. 区域性公共产品与澜湄合作机制 [J]. 深圳大学学报（人文社会科学版），2017，34（1）：8.

② 谈谭. 中国主导大湄公河次区域国际公共产品供给的路径分析：以中缅泰老四国大湄公河联合巡逻执法为例 [J]. 同济大学学报（社会科学版），2017，28（4）：49-58.

势。中央、地方以及各级政府之间更加注重交流与合作，实现资源整合，管理公共事务，强调多元行为者的共同参与，形成地方政府、当地公民、企业部门及公益组织共同组成的社会网络主体①，由此推动次区域府际关系治理的成立与发展。

国外研究者认为可以从两方面考虑府际关系，一方面是同一级别的政府间关系，另一方面是不同级别的政府间关系。随着全球经济一体化、政治协商民主化和通信信息技术化日益成为社会发展趋势，中央对地方分权的要求与日俱增，国际府际关系呈现出政府权力下放、央地伙伴协商共赢与多中心治理等发展趋向。②如琼斯（jones）尝试性提出央地府际关系的新方法，进一步深化研究央地合作互动机制。③ 1980 年以后，西方国家政府间治理的实证领域有新突破，学界关于府际关系理论研究视域也随之拓宽，更加侧重不同层级政府间的协力合作，认为美国横向府际治理实质上是经济、政治力量等实力处于同级水平的政府部门，基于对话协商构建的分散体系，而竞争与协商恰好是此类关系的驱动动力。④ Kettle 反驳"网络府际治理结构是非层级化"的观点，认为网络政府管理是政府和社会力量基于合作所形成的网络状关

---

① 杨宏山. 府际关系论［M］. 北京：中国社会科学出版社，2005：189.

② JONES M. Restructuring the local state：economic governance or social regulation？［J］. Political Geography，1998，17（8）：959-988.

③ JONES M. Restructuring the local state：economic governance or social regulation？［J］. Political Geography，1998，17（8）：959-988.

④ DOMMEL P R. Intergovernmental Relations：in Managing Local Government［M］. America：Sage Publication Inc，1991.

系系统。① 随后，Walter 等②、Eva Sorensen③、Peter Bogason④、Ingo Winkler⑤ 等先后阐述了网络府际治理的概念、内容及现存危机，进一步完善了网络府际治理的研究框架。

国内府际关系研究可归纳为如下几方面。

一是纵向型府际关系研究。自 1990 年始，国内学界进入府际关系的研究领域。薄贵利在对我国中央政府与省级行政区的关系研究中，分别从纵向府际关系的现状、权责划分、次级政府分权等方面进行影响因素分析，进而强调事权责任、财权比例与区划调整是优化纵向府际关系的策略选择。⑥ 张志红对我国纵向府际治理进行动态演化分析，拓展了相关研究仅仅局限在静态研究层面，并提出了"职责同构"这一理念，深化了我国纵向府际治理的理论。⑦ 吴帅和陈国权在"市管县"机制分析的基石上，对我国政府间治理的演变轨迹与发展趋势做了初步探寻。⑧ 房亚明指出，我国作为超大型的国家，"自上而下"的纵向府际关系难以

① KETTLE. Sharing Power: Public Government and Private Markets ［M］. Washington: Brookings Institution, 1993: 22.
② DR WALTER J M KICKERT, ERIK HANS KLIJN, DR JOOP F M KOPPENJAN. Managing Complex Networks: Strategies for the Public Sector ［M］. London: Sage Publications ltd, 1997: 3.
③ SORENSEN E. Democratic Theory and Network Governance ［J］. Administrative Theory & Praxis, 2002: 693–720.
④ PETER BOGASON, JULIET A. Musso. The Democratic Prospect of Network Governance ［J］. American Review of Public Administration, 2006, 36 (1): 3–18
⑤ INGO WINKLER. Network Governance Between Individual and Collective Goals: Qualitative Evidence from Six Networks ［J］. Journal of Leadership and Organization Studies, 2006, 12 (3): 119–134.
⑥ 薄贵利. 中央与地方关系研究 ［M］. 长春: 吉林大学出版社, 1991: 123.
⑦ 张志红. 当代中国政府间纵向关系研究 ［M］. 天津: 天津人民出版社, 2005: 95.
⑧ 吴帅, 陈国权. 中国地方府际关系的演变与发展趋势: 基于"市管县"体制的研究 ［J］. 江海学刊, 2008, 253 (1): 102–104.

适应全球化，为此应逐步构建以人民自治为基础的地方自治制度。① 陶鹏指出，地方利益倾向严重阻滞了我国新阶段应急管理的纵向府际关系转型。② 贾晋、李雪峰和刘莉通过对四川省省域面板数据进行实证分析，认为"扩权强县"改变了原有的政府治理结构与地方官员晋升竞争机制，弱化市、县区域政府的竞争意识，从短期到长期，此种模式对地方经济的发展均未有明显推动作用。③ 汪湖泉分析了社会救助领域府际关系的调整，认为公共治理下的纵向府际关系演变趋势不利于公共资源均等化的配置。④ 陈科霖对比分析了纵向府际关系视域下，不同的国家治理研究假说，提出构建基于三元互动的理论结构模型。⑤

二是横向型府际关系研究。谢庆奎指出，国内府际研究的演变趋势"从单一性转向多样性""由纵向联系走向横向联系"。⑥ 张闫龙通过对 1980—1990 年 A 省政府横向间财政体制变迁做调查分析，认为以财政包干为核心的府际分权改革，无形中加剧府际间财政竞争。⑦ 张经远基于动态的视角，运用博弈分析方法，

---

① 房亚明. 超大空间的有效治理：地方自治导向的分权？：论我国纵向府际关系的制度变革 [J]. 国家行政学院学报，2009，60 (3)：91-94.

② 陶鹏. 中国应急管理纵向府际关系：转型、挑战及因应 [J]. 南京社会科学，2015，355 (9)：90-95，103.

③ 贾晋，李雪峰，刘莉. "扩权强县"政策是否促进了县域经济增长：基于四川省县域 2004-2012 年面板数据的实证分析 [J]. 农业技术经济，2015，245 (9)：64-76.

④ 汪湖泉. 论社会救助法对纵向府际关系的调整 [J]. 财经理论与实践，2016，37 (3)：134-138.

⑤ 陈科霖. 纵向府际关系视域下的中国国家治理研究：进路与比较 [J]. 甘肃行政学院学报，2018，129 (5)：67-80，127.

⑥ 谢庆奎. 中国政府的府际关系研究 [J]. 北京大学学报（哲学社会科学版），2000 (1)：26-34.

⑦ 张闫龙. 财政分权与省以下政府间关系的演变：对 20 世纪 80 年代 A 省财政体制改革中政府间关系变迁的个案研究 [J]. 社会学研究，2006 (3)：39-63，243.

认为建立伙伴型城市府际关系能显著改善城市管理现状。① 吴昕春指出，要基于相互依赖的政府间伙伴合作模式，推动城市群的发展。② 钱轶群和黄顺康以武陵山区域为实证考察对象，探析了中国贫困落后地区政府合作模式。③ 任晓林认为，厘清我国隐形府际关系的多样性特征，是现期我国政策体制转型升级的根本。④ 锁利铭指出，积极性、实质性、自主性与制度性是以长三角为主要代表的城市群横向府际协作治理的主要特征，分析了横向府际间数据共享存在的困境。⑤

三是斜向或者网络型府际关系研究。随着区域经济一体化及合作事务的不断增加，合作领域的不断拓宽，网络型府际关系逐渐演变成为政府治理模式的新趋势，推动学术界掀起一股研究网络型府际关系的热潮。杨宏山从狭义和广义两个视角对府际关系进行了定义。⑥ 蔡英辉和胡晓芳认为，多元主体参与的网络型府际关系是信息化潮流下的大势所趋。⑦ 马捷、锁利铭和陈斌为探究从单维合作区到多维合作网络的路径及结构演进，分析了"9+

---

① 张经远. 论伙伴型城市府际关系的构建 [J]. 湖北社会科学，2007（1）：33-35.

② 吴昕春. 城市群发展与地方政府间关系模式 [J]. 安徽教育学院学报，2007，133（5）：29-32，36.

③ 钱轶群，黄顺康. 我国贫困地区地方政府间关系模式探析——以武陵山经济协作区为例 [J]. 湖北民族学院学报（哲学社会科学版），2011，29（6）：70-73.

④ 任晓林. 我国隐型府际关系的多样性特征与重构 [J]. 延安大学学报（社会科学版），2016，38（6）：22-27.

⑤ 锁利铭. 面向府际协作的城市群治理：趋势、特征与未来取向 [J]. 经济社会体制比较，2016（6）：13-16.

⑥ 杨宏山. 府际关系论 [M]. 北京：中国社会科学出版社，2005.

⑦ 蔡英辉，胡晓芳. 府际关系的重新梳理与界定：中国省（部）级政府层面府际关系探究 [J]. 甘肃行政学院学报，2007，64（4）：79-82.

2"合作区内部政府行为。① 李亚鹏从网络府际治理角度分析总结了京津冀生态治理的困境。② 陈文理、喻凯和何玮认为，粤港澳大湾区现存的行政架构与法治体系存在差异、地区盲目竞争现象严重等一系列问题亟须通过构建网络型府际关系解决。③

2000 年以后，国内经济的迅猛崛起以及社会转型步伐的加快，推动地方政府之间的交流与合作不断深化，我国学者开始将研究目光从单纯的省级政府间关系，投向城市群府际合作、都市圈区域治理、流域府际治理及生态补偿机制等方面。陈国权和李院林提出，理顺并重塑长江三角洲原有的多边多级政府关系有助于顺利推进长三角经济一体化发展的进程。④ 傅永超和徐晓林为有效缓解长株潭都市圈政府互通的困境，试图构建网络状政府互通模式。⑤ 任维德则认为，打造城市群政府协调机制有利于调和地区府际间利益。⑥ 程永林以泛珠三角—东盟片区府际关系为参照，认为在政府间的合作应坚持市场为导向，减小政府规制力度，凭借信息溢出降低地区间交易成本。⑦ 苏长和调查发现，以粤港澳等沿海地区为重心，次区域府际合作已转向西北、东北、

① 马捷，锁利铭，陈斌. 从合作区到区域合作网络：结构、路径与演进：来自"9+2"合作区 191 项府际协议的网络分析 [J]. 中国软科学，2014，288（12）：79-92.
② 李亚鹏. 基于网络化治理理论的京津冀生态治理的府际关系研究[D]. 秦皇岛. 燕山大学，2017：92.
③ 陈文理，喻凯，何玮. 府际治理：构建粤港澳大湾区网络型府际关系研究 [J]. 岭南学刊，2018，277（6）：47-53.
④ 陈国权，李院林. 论长江三角洲一体化进程中的地方政府间关系 [J]. 江海学刊，2004（5）：92-98.
⑤ 傅永超，徐晓林. 府际管理理论与长株潭城市群政府合作机制 [J]. 公共管理学报. 2007，14（2）：24-27，29，28，122.
⑥ 任维德. 中国城市群地方政府府际关系研究 [J]. 内蒙古大学学报：哲学社会科学版，2009，41（4）：30-35.
⑦ 程永林. 区域合作、利益协调与机制设计：基于泛珠三角与东盟跨边界次区域经济合作的研究 [J]. 东南亚研究，2009，179（2）：32-37.

西南片区。① 沈国成认为，各级政府间区域利益的矛盾阻碍我国流域管理效率的提升。② 徐小梅在对图们江流域内府际合作现状的研究中，指出中、俄、朝三大参与国经济发展水平的参差不齐、开发目标的不一致及市场经济体制的不健全是制约次区域合作的主要阻碍。③ 李正升和王俊程借鉴了府际间博弈分析框架分析跨境流域水质污染困局。④ 林雄斌、杨家文和林倩在都市区治理过程中重视跨界规治，认为此举能优化资源、要素在区域层面的配置，减轻资源自由流动阻力。⑤ 孔夏宁、闫利秋和李雪梅通过面板数据分析，认为金融发展规模、效率是制约泛珠三角地区实体经济均衡转型的首要因素。⑥ 赵辰霖和徐菁媛以协同治理网络为分析框架，以粤港跨境合作现状为切入点，探讨府际关系协调机制。⑦

综上所述，受美国影响，西方学界注重研究联邦政府与州政府、地方政府的互动运作关系。内容涉及府际间沟通、财政、结构、调控与政治等多方面。1990 年，西方国家府际关系开始朝着以对话协商、解决争端与网络参与为主要特征的方向迈进。此阶段的学术研究取向开始由单维度分析拓展到网络分析。就国内的

① 苏长和. 中国地方政府与次区域合作：动力，行为及机制［J］. 世界经济与政治，2010，156（5）：4-24，351.
② 沈国成. 我国流域监管中府际关系协调模式研究［D］. 南京：南京大学，2011：134.
③ 徐小梅. 图们江次区域经济合作现状、问题及对策研究［D］. 成都：西南财经大学，2013：119.
④ 李正升，王俊程. 基于政府间博弈竞争的越界流域水污染治理困境分析［J］. 科学决策，2014，209（12）：67-76.
⑤ 林雄斌，杨家文，林倩. 都市区中心城与次区域跨界协调发展探讨：以宁波为例［J］. 城市观察，2015，38（4）：74-86.
⑥ 孔夏宁，闫秋利，李雪梅. 金融发展对"泛珠三角"区域实体经济的实证研究［J］. 中国集体经济，2017，534（22）：9-11.
⑦ 赵辰霖，徐菁媛. 粤港澳大湾区一体化下的粤港协同治理：基于三种合作形式的案例比较研究［J］. 公共行政评论，2020，13（2）：58-75，195-196.

研究而言，在经济的蓬勃发展与对外开放敞口不断扩大的背景下，学者纷纷从行政学、政治学、法学及经济学领域开展府际关系的研究，研究重点逐渐从单一的纵向、横向拓展至网络型府际关系，如城市群（都市圈）府际关系、流域府际关系、次区域合作中的府际关系等的研究，内容涉及产业分工协作、交通基础设施合作、生态治理、公共安全等细分领域。总的来说，研究呈现出文献成果多、实证区类型广、涉及领域细分、治理模式丰富等特征，体现出国内府际关系研究的深化与成熟。但是，现阶段国内对府际关系的研究缺乏对进一步优化府际关系的探究，将府际关系治理理论纳入次区域合作研究尚处于空白。

三、云南参与次区域合作研究进展

云南作为地方政府参与次区域合作，是解决国家主体功能不足或机制不畅等问题的有效途径。正如伊夫·D. 杜查克（Ivo D. Duchacek）的"平行外交"理论认为中央政府和次国家行为体对外交往活动是相互平行的。① 白里安·豪京（Brian Hocking）等的"多层外交"理论认为，全球化的发展导致国际政治与国内政治交织，在这样的情形下，一个层面的目标实现，需要其他层面的配合才能达成。②

国内的研究，主要集中在以下几方面：中国及云南参与大湄公河次区域合作的进展、障碍与出路，参与对策③；中国地方政

① Duchacek I D . Federated States and International Relations ∥ The International Dimension of Subnational Self - Government ［J］. Publius the Journal of Federalism, 1984 (4)：4.

② DC PIPER, BRIAN HOCKING. Localizing Foreign Policy：Non-Central Government sand Multil ayered Diplomacy ［M］. New York：S L Mdirtions Press, 1994：3-4.

③ 贺圣达. 大湄公河次区域合作：复杂的合作机制和中国的参与［J］. 南洋问题研究, 2005 (1)：6-14, 45.

府参与次区域合作的动力，行为及机制①；"一带一路"倡议提出后，地方政府参与区域合作的动力和保障等。② 学者主要分析的视角包含边界效应与跨界合作，边境贸易与投资战略，沿边地区开发开放及其与湄公河流域各国经贸合作，地缘政治与非传统安全，利益协调与机制设计，跨境民族与次区域合作等。

袁珠盈认为，产业结构调整是云南参与大湄公河次区域经贸合作的首要前提。③ 王智勇和杨保建围绕三大产业结构对云南省参与大湄公河次区域开发投资的整体进程进行了分析，指出资金匮乏是限制云南扩大出口贸易的突出短板。④ 胡佳佳从农业合作角度出发，认为 GMS 有助于云南与域内各国家形成优势互补，开展农业合作，但云南现存金融短板严重阻碍双方合作效率的提高。⑤ 朱贵昌认为，治理的主体应是多元的，权力分散比权力集中在具体的运行过程中更有效率。⑥ 姬贵阁和顾幼瑾以云南企业为实证主体，基于 SWOT 分析工具，发现政治经济不稳定、物流成本高等因素是云南企业面临"走出去"与"引进来"的主要挑战。⑦ 邹春萌研究次区域物流合作，总结了云南参与大湄公河次

① 苏长和. 中国地方政府与次区域合作：动力，行为及机制 ［J］. 世界经济与政治，2010，357（5）：4-24，156.

② 冯宗宪，李刚. "一带一路"建设与周边区域经济合作推进路径 ［J］. 西安交通大学学报：社会科学版，2015，35（6）：9.

③ 袁珠盈. 云南参与大湄公河次区域经贸合作的机遇、挑战与前景 ［J］. 云南财贸学院学报（社会科学版），2003（1）：22-24.

④ 王智勇，杨保建. 云南省参与大湄公河次区域开发投资的现状与融资对策研究 ［J］. 云南财贸学院学报（社会科学版），2005（3）：33-34.

⑤ 胡佳佳. 论加强云南与大湄公河次区域国家的农业合作 ［J］. 曲靖师范学院学报，2005（2）：49-53.

⑥ 朱贵昌. 多层治理理论与欧洲一体化 ［J］. 外交评论，2006（6）：49-55.

⑦ 姬贵阁，顾幼瑾. 中小企业参与大湄公河次区域经济合作的 SWOT 分析：以云南企业为例 ［J］. 东南亚纵横，2007（6），176：11-14.

区域合作的问题及发展趋势。① 张文、汤金丽和王声跃总结云南是次区域各国资源出口通道、经济增长极的推动者，发挥着能源库、合作平台，促进次区域经济合作的国际竞争力等作用。② 赵亚辉对云南在深入参与 GMS 过程中的优势、劣势、主要机遇和挑战进行了分析。③ 尹迎新认为，云南通过参与大湄公河次区域合作，能在贸易合作中使贸易量与贸易额持续快速发展，促进云南整体经济的增长以及产业结构的升级与调整。④

陈莺提出，通过云南沿边自贸试验区建设促进澜沧江—湄公河合作机制发展。⑤ 周俊华和王浩然认为，随着周边地缘政治格局的重组和"一带一路"建设的推进，中国的治边模式日益呈现出创新性和多样性。大数据技术的兴起和日益增多的跨境次区域合作，为建立新型的边疆治理模式带来了宝贵的历史机遇。以澜湄合作中的中国云南为例，通过阐述大数据技术参与澜湄合作的可行性和中国边疆地方政府在其中的作为，论证大数据技术对提升边疆治理能力，助力次区域合作和大数据技术运用于次区域合作对促进边疆地区发展的重要意义，进而提炼并论证了"大数据+边疆地方政府+次区域合作"的治边新模式。⑥ 袁海毅认为，推进澜湄合作

———————————

① 邹春萌. 云南参与大湄公河次区域物流合作的进展、问题与趋势 [J]. 学术探索, 2009, 125 (5): 68-73.

② 张文, 汤金丽, 王声跃. 云南在大湄公河次区域经济合作中的地位及作用研究 [J]. 玉溪师范学院学报, 2012, 28 (6): 49-51.

③ 赵亚辉. 大湄公河次区域经济合作对云南经济发展的影响 [D]. 昆明: 云南大学, 2010: 132.

④ 尹迎新. 参与大湄公河次区域合作对云南省进出口贸易结构和贸易量的影响分析 [D]. 昆明: 云南大学, 2018: 121.

⑤ 陈莺. 通过云南沿边自贸试验区建设促进澜沧江: 湄公河合作机制发展的思考 [J]. 商场现代化, 2016, 820 (13): 23-24.

⑥ 周俊华, 王浩然. 基于大数据参与次区域合作的地方政府治边模式创新研究: 以澜沧江—湄公河合作下的中国云南省为例 [J]. 东南亚纵横, 2019, 300 (4): 10-21.

机制进一步深化，亟待发挥云南的地缘、人缘和文缘优势。①

综上所述，关于云南参与次区域合作研究方面以云南参与大湄公河次区域合作的研究为主，参与澜湄合作的研究较少，呈现方兴未艾之势。

第四节 研究方法与内容

一、研究方法

（1）比较研究法

比较研究法是社会科学常用的一种研究方法。比较是人类认识与研究世界的基本方法，比较的直接目的是辨识、识别对象之间的趋同性与差异性。在以往的次区域合作机制研究中，特别是澜湄合作机制研究，常常通过比较 GMS 与澜湄合作，得出优化次区域合作的建议与路径，这为我们研究云南融入澜湄次区域府际合作提供了充分的现实借鉴和有益参考。本书通过文献资料，考察相对成熟的次区域经济合作过程中的不同实践方式，分析归纳次区域主体利益诉求、主体决策特征、合作机制运行、合作领域与合作效果，为判断在云南融入澜湄合作的背景下，相关次区域主体的准确角色定位及其实现路径，以及发挥辐射中心作用的有效供给，提供对策和建议。

（2）假设分析法

对于还未发生的事情进行假设，假设的过程要有充分的逻辑条件。本书在构建府际关系的演化博弈模型时，对模型成立的条

---

① 袁海毅 . 澜湄合作的云南样本 [J] . 一带一路报道（中英文），2020，25（5）：54-56.

件进行了设定，并且认为设定的这些条件必然能满足模型的成立和运用。但这些假设条件是否必然成立，需要进一步验证。

（3）模型构建法

理论方法是人类认识与研究客观世界的总结归纳的一般性、适用性方法，通过理论指引可以帮助我们认知并找到客观规律，并运用逻辑推理方法，对客观现象和作用过程进行逻辑推理，揭示其中蕴含的客观规律，即可设计出理论模型。在本书中，通过对次区域经济合作府际关系实践表现及现象的抽象概括，厘清其主要矛盾和相关因素，通过修正得到次区域府际关系 APT-R 动力机制模型，在校验之后，用该模型指导澜湄合作，并提出云南融入次区域府际关系的路径选择。

（4）演化博弈分析

博弈论聚焦行为主体的利益特征、决策过程、扰动因素与磋商合作等机制，这为地缘经济、府际合作、次区域经济合作提供了一种微观分析方法。因此，国内外学者均注重用演化博弈来模拟和预测府际合作的实现机制。本书基于合作博弈模型，定义了澜湄次区域主体的利益诉求、决策特征，引入不同阶段的策略扰动者，来设置合作博弈的情境，进行演化博弈分析，这为本书更好地揭示府际关系达成的驱动机制与影响因素，提供了方法支撑。

（5）研究的技术路线

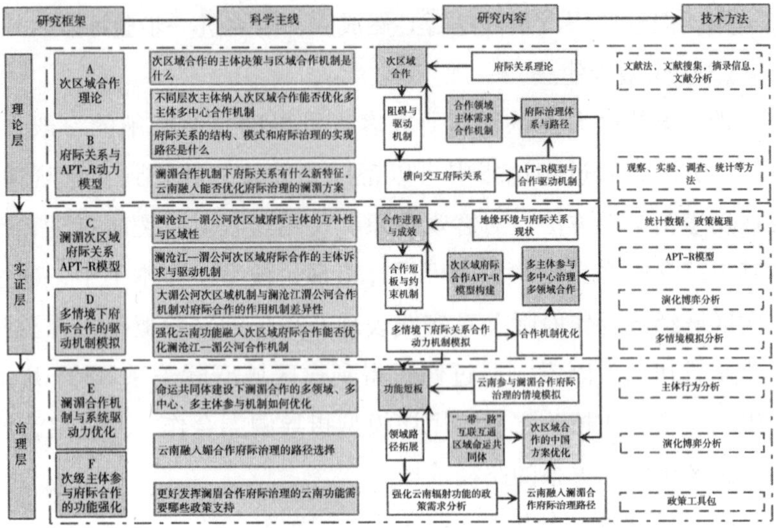

图 1.1　技术路线

二、研究内容

（一）研究思路

本书围绕次区域府际治理这一研究主题，以澜湄合作机制和云南融入路径为实证内容，借助次区域合作理论、府际治理理论、地缘经济外部性理论和演化博弈理论，从微观机理、中观区域和宏观政策三个维度，分析次区域府际合作的驱动机制，构建次区域府际关系研究的 APT-R 框架和模型，比较分析三种策略扰动下的府际关系演化过程与机制运行效果，并以中、老、泰、缅"黄金四角"这一小尺度次区域合作案例进行分析，验证次区域府际关系研究框架的可行性，云南参与澜湄合作的历史进程、合作成效梳理和强化辐射功能的对策，以及云南开展次级政府之间府际合作的路径。

（二）研究内容

本书分为六个部分展开研究。

第一部分：第一章、第二章。第一章对本书研究的问题背景和研究意义进行阐述。梳理了国内外关于次区域合作、府际治理及云南参与次区域合作的研究进展，并对国内外研究现状进行分析评述，论证本书研究选题的延续性与创新性。同时，对研究方法和内容做了说明。第二章对涉及的次区域合作、府际治理等主要概念、理念演进进行梳理和界定，提出了次区域府际治理的实现路径。

第二部分：第三章。以驱动府际合作的动力机制和影响决策的博弈过程为重心，构建了次区域府际合作 APT-R 因子模型，从合作动机、合作渴望、合作环境和合作障碍四个作用力进行动力机制分析，构建了次区域府际关系合作博弈模型。基于主体一致性，进行府际博弈分析。

第三部分：第四章。归纳梳理云南参与湄公河流域府际合作的进展，进而引入云南参与府际合作的主题，详细梳理云南参与湄公河流域合作的四个阶段特征，统计分析了云南与湄公河五国经贸合作的进展与结构，并分析提出了约束云南增进次区域府际合作的瓶颈，为下文的实证分析提供支撑。

第四部分：第五章、第六章。依托理论分析，以澜湄次区域府际合作为实证对象，对次区域各主体利益进行分析，定义出六个国家主体和次级政府云南的合作利益诉求。在此基础上分析了驱动府际合作的动力机制，即：合作引力、梯度压力、战略推力和博弈阻力，构建了 APT-R 府际合作动力机制模型，将次区域府际合作实践划分为两个阶段（1992—2015 年，亚行主导的 GMS 阶段；2015 年至今，中国倡议多国共同主导的澜湄合作阶段）。并设置了 GMS、澜湄合作和云南参与澜湄合作三种情境，模拟了合作机制形成的条件和演化过程，强调了不同情境下主体利益诉求、决策特征、驱动要素和效果评价。基于此研究，为强化云南辐射中心功能、拓展路径的政策设计，提供理论支撑。

第五部分：第七章。基于动力机制分析以及不同合作情境的分析，提出云南作为次级政府参与次区域府际合作的路径与对策，为强化云南辐射中心功能提供政策依据。

第六部分：第八章。对本书的研究结论进行总结，对主要创新点进行提炼，结合研究过程中的实际问题，对本书的不足之处进行归纳，并对后续研究进行展望。

第二章

理论基础

第一节　次区域合作

一、相关概念界定

威廉·汤普森认为，构成"区域"的是地理位置、文化观念相近且往来频繁的国家。小约瑟夫·奈认为，构成"区域"的主要因素是地域之间的关系以及地域之间存在的依赖程度，且"区域"仅包含有限数量的国家。巴里·布赞认为共享特征、共享理念以及过程交互三个因素形成"区域"的必备条件。随着经济全球化和跨区域合作兴起，诸多学者提出："区域"不是简单由地理条件构成的，而是受到经济、政治及文化等因素共同作用的"社会构建"。综上所述，可以总结出构成"区域"的几个重要因素，一是客观地理条件，是相对于区域而言的较小范围，既可以指不同的国家，也可以指多个国家的不同区域；二是地缘相邻、相互依赖的部分国家；三是政府组织或者跨国合作组织等合作平台，是区域经济一体化发展的结果。

"次区域"既有区域的特征，又具备自身的特点。庞中英认为"次区域"是区域的一个相对概念。① 陈迪宇认为，"次区域"

---

① 庞中英. 地区主义与民族主义 [J]. 欧洲研究, 1999 (2)：40-46.

是涉及多个国家和地区，相对于宏观的洲际区域而言的地理区域。① 姜永铭提出，"次区域"是基于合作而形成的地理上相邻国家间的部分地区。② 吴世韶指出，"次区域"是在先有次区域经济合作的基础上，进一步分离出来的概念。③ 胡志丁认为，"次区域"的产生受到临近的地理位置、经济合作频繁交往以及存在类似的社会习俗文化等要素的影响，进而发展为一定的区域范围。④

"次区域合作"最开始是指"次区域经济合作"。"次区域经济合作"最早源于亚洲东部地区，新加坡领导人吴作栋是其最先倡议者。吴作栋主张在廖内群岛、柔佛州与新加坡形成的三角带之间成立经济合作区域，学界简称"增长三角"或"成长三角"，又称为"扩展性都市区域""自然的经济领土"。⑤ 自"成长三角"概念提出后，Ooi Giok Ling 分别基于"核心—边缘"、经济外部性和区域经济合作溢出效应测度等理论和方法，对次区域经济合作的研究框架和分析方法进行了完善。⑥ 自 2000 年以来，"成长三角"概念逐渐被"次区域经济合作"取代。蔡鹏鸿（2004）认为"次区域经济合作"是区域经济一体化进程的一个特定阶段。李铁立认为，"次区域经济合作"是毗邻国家在其边

① 陈迪宇. 云南与"大湄公河次区域经济合作机制"［J］. 国际观察，2008，96（6）：16-21.
② 姜永铭. 论跨国次区域经济合作的边界［J］. 延边大学学报（社会科学版），2008，150（4）：20-24.
③ 吴世韶. 从"次区域经济合作"到"次区域合作"：概念辨析［J］. 社会主义研究，2011（1）：134-138.
④ 胡志丁. 次区域合作与边境安全及边界效应调控研究［M］. 北京：人民出版社，2014：198.
⑤ 刘畅. 环境主义视角下的次区域合作——理论构建与案例分析［D］. 北京：中国社会科学院研究生院，2020：87.
⑥ OOI GIOK LING. The Indonesia-Malaysia-Singapore Growth Triangle：Sub-Regional Economic Cooperation and Integration［J］. Gealournal，1995，36（4）：337-334.

境接壤的地区的区域经济合作现象，其目的在于增强边境区域的竞争优势。① 熊理然认为，次区域经济合作是随着经济全球化和区域经济集团化的推动，以及稳定的国际局势和区域环境，次区域内国家友好的对外往来政策而催生的一项重要的发展政策，是指多个相邻的国家或地区，通过进行跨境经济贸易往来合作，实现资源优势互补，促进生产要素有效配置，在一定的地缘区域内实现经济交易往来自由化。次区域各国希望通过合作享受优惠的贸易政策，获取实在的经济效益，寻求更大的发展空间，减少不合作的成本。② 吴世韶认为，次区域经济合作是一种跨国经济合作，属于多边合作行为，是由中央和地方政府所引导的经济行为，具有溢出效应。③ 由此可以看出，次区域经济合作具有以下几个特征：一是主要在国际层面，各个国家和区域进行的交流往来；二是在邻近国家或地区之间进行的多边合作；三是由政府或组织进行指导；四是国家和地区之间灵活程度高，同一个国家或地区能够加入几个不同的合作组织；五是包括广泛的合作领域，通过经济合作促进相关领域的发展。

国内最先关注"次区域合作"的学者是卢光盛。④ 卢光盛指出"次区域合作"比单纯"次区域经济合作"具有更为重要的战略意义。李铁立和姜怀宇认为，"次区域合作"是随着经济全球化和区域经济一体化进程的加快，而广泛出现的一种区域合作现

---

① 李铁立. 边界效应与跨边界次区域经济合作研究［M］. 北京：中国金融出版社，2005：53.
② 熊理然. 多边外向区域经济合作的优化与整合研究：以云南为例［D］. 昆明：云南师范大学，2006：103.
③ 吴世韶. 从"次区域经济合作"到"次区域合作"：概念辨析［J］. 社会主义研究，2011，195（1）：131-135.
④ 卢光盛. 中缅孟印次区域国际合作初步研究［J］. 东南亚，1999（2）：11-15.

象，产生于 20 世纪 80 年代末 90 年代初。① 次区域间分工朝专业化、精细化方向迈进是次区域合作的现实基础，跨区域公共问题和跨区域资源合理配置的内在诉求不断增加是次区域合作的内生动力。胡志丁等认为："次区域合作"指邻近国家地区间的边境省份或国家，精心界定、跨边界较小范围区域，为发展经济、维护边境地区社会稳定等需要而开展的经济与非经济等方面的合作。②吴世韬指出，"次区域合作"是指地理相邻的三个或三个以上国家的相邻地域之间经由政府间协议推动的合作，涉及经济、政治、环境、卫生、安全等领域的综合性合作，先有"次区域经济合作"的实践，而后才形成了"次区域合作"的概念。③ "次区域合作"是次区域经济合作不断深入发展，"外溢"到非经济领域才出现的。曲望指出，"次区域合作"是由不同性质的毗邻国家在其所辖边境地区之间开展的区域合作，目的是促进我国与周边国家共同发展，实现合作共赢。④

　　需要注意的是，经过文献梳理，国内外学者研究的"次区域合作"，多数是指"次区域经济合作"。也就是说，学界对于"次区域合作"与"次区域经济合作"两者的概念界定和比较分析研究相对不足，甚至概念混淆。本书认为"次区域合作"是一个不断发展的动态演变过程，随着合作领域不断拓宽，合作形式不断升级，"次区域经济合作"自然过渡到"次区域合作"。首先，"次区域经济合作"不能完全排除政治、安全、社会文化以及环

① 李铁立，姜怀宇. 次区域经济合作机制研究：一个边界效应的分析框架 [J]. 东北亚论坛，2005（3）：90-94.

② 胡志丁，骆华松，夏显芳，等. 次区域合作及其发展的成因：一个跨学科视角的分析 [J]. 世界地理研究，2010，19（2）：34-41.

③ 吴世韬. 从"次区域经济合作"到"次区域合作"：概念辨析 [J]. 社会主义研究，2011，195（1）：131-135.

④ 曲望. 跨境次区域合作理论研究 [J]. 时代报告（学术版），2019，300（6）：156-157.

境保护等非经济领域的内容，不存在纯粹的经济合作。经济合作与政治、文化、安全等合作相辅相成。次区域各国的经济合作的顺利开展为次区域国家之间其他领域的合作奠定基础。其次，政治、安全、社会文化等多领域合作，可以为经济合作"保驾护航""添砖加瓦"，能够促进解决经济合作过程中出现的新问题和新情况，更好地适应新形势和新任务。因此，"次区域合作"是"次区域经济合作"发展到一定程度的必然走向和最终归宿。

二、合作特征

经研究梳理，与之前以国家为参与主体的区域经济合作有所不同，以澜湄合作机制为代表的次区域合作更加注重加强次区域公共管理，不断完善构建次区域协调机制，进一步拓宽次区域合作范围，以及依赖灵活多样的合作组织形式。另外，关注实现次区域各国的边界从屏蔽效应转化为中介效应，注重跨境区位经济功能的建构等。① 具体来说，具备以下五方面特征。

第一，更加关注次区域公共管理。区域公共问题治理是在全球化竞争和区域化浪潮背景下，削弱区域政府间的盲目竞争，促进次区域统一市场与投资便利化的重要措施，提供特定区域内的公共产品供给，达成区域公共利益合作共赢格局。区域公共管理具有以下特征：一是管理主体多元化，不受行政区划的限制，打破行政区划的刚性桎梏②；二是管理主体之间是合作网络和交叉重叠的关系，包含不同级别的地方政府；三是以区域性公共问题和公共事务为主要内容，管理原则和手段因地制宜。澜湄合作治理机制多中心化、治理主体的多元化、治理手段多样化等与区域

① 柳思思．"一带一路"：跨境次区域合作理论研究的新进路［J］．南亚研究，2014，108（2）：1-11，156.
② 陈瑞莲．论区域公共管理的制度创新［J］．中山大学学报（社会科学版），2005，45（5）：61-67，126.

公共管理的理念不谋而合。① 因此，公共管理是次区域合作的基础和必要手段。

第二，更加注重次区域合作机制的协调。次区域合作中的新老机制的协调配合问题，领导人会议、部长级会议、高官会议等纵向组织结构协调体系，各种论坛以及次区域性的多样化非政府组织、自愿组织等可以看作横向伙伴式的合作组织体系。次区域各国经济发展水平不平衡，合作中并不局限于区域内部国家和地区的市场，因为在投资资金、生产技术等生产要素，以及贸易活动等方面主要依靠域外其他国家和地区。因此，合作机制具有一定的开放性、包容性，对次区域以外的国家和地区是非常开放的。构建层次多样、方式灵活的协调机制是次区域合作的组织保障。

第三，更加注重合作范围不断拓展。澜湄合作领域从单一经贸领域合作到科技、教育、环境、文化、非公共安全等非经济领域的多种合作。在经济领域，进行合理分工，不断优化产业结构，促进资源互补，缩小地区差距；在政治领域，提升国家及地区在国际范围内的影响力，维护国家和社会稳定；在其他领域，多管齐下、密切配合，合作领域不断拓宽，合作范围不断拓展，在循序渐进的合作进程中追求互利共赢，推动澜湄合作成为东南亚乃至世界次区域合作的典范。

第四，合作组织形式比较灵活多样。次区域合作范围通常较小，往往只是通过相关协议来约束各方的行为，以较低的成本在较短的时间内建立，以致不能有效保障合作的进程。不过，合作组织形式松散灵活，能使各参与方根据形势变化及时进行调整，完善合作模式。此外，在政治、经济等方面风险相对比较低。在

---

① 杨爱平，陈瑞莲. 从"行政区行政"到"区域公共管理"：政府治理形态嬗变的一种比较分析［J］. 江西社会科学，2004（11）：23-31.

次区域合作中，一般只包括参与合作的国家或地区的部分区域，范围相对较小，能够及时进行协调，政治风险易分散。一方面，若次区域合作取得一定的成果，则产生的积极影响能够传播到各个区域，推动区域合作；另一方面，其不利影响能够及时控制，避免影响其他区域。

第五，更加关注边界效应的功能转换。从边界效应来分析，边界作为国家或地区之间的界线，扩大了经济主体互动的时空距离，给国家、地区之间次区域合作带来一定的难题。① 而且，在边界地区进行贸易往来，往往会牵涉主权问题。因此，边界对经济发展具有一定的屏蔽性。在经济交往中，由于边界屏蔽性的存在，跨边界交易主体的文化、社会等方面存在差异，市场信息不能充分获取，会增加国家之间的贸易成本。但边界是国家、地区之间的交流合作的主体，跨界合作往来涉及的通常是国家或地区的边界周围，而且由于相邻的国家或地区边界在地理位置上存在一致性，文化文明、生活方式等方面比较接近，为经济贸易往来、社会和文明进行交流提供了便利。从跨境区位经济功能的建构来分析，次区域合作主要依靠中央政府、地方政府和企业的推动。各国中央政府之间的协调可以为次区域合作提供良好的制度安排以及建设良好基础设施，降低交易成本。边界地区的地方政府进行相互协调，可以充分利用地缘优势，加强信息交流，扩大市场规模，推进次区域各领域合作，成为扩展国外市场的"桥头堡"。作为边界地区经济交流的主体的中小企业，通过开展跨境经济交流，进行技术交流与创新，广泛获取生产要素，不断减少贸易成本，减弱边界屏蔽性，完善企业的生存环境。随着经济全球化和区域经济集团化的深入，边界周边地区合作发展的优势日

---

① 胡志丁，骆华松，熊理然，等. 次区域合作研究方向的变迁及其重新审视[J]. 人文地理，2011，26（1）：61-65.

益凸显，为推动次区域经济进一步发展带来了机遇。次区域合作的深入推进，不断减弱边界的屏蔽性，促使次区域国家和地区交流与合作更加深入，推动国家之间更加紧密的经济交流活动。①

第二节　府际治理

一、理念演进

20世纪30年代，由于美国经济大恐慌引发的全国性经济社会危机，依靠单一地方政府无法解决，通过联邦政府政策指导、财政扶持、法制规范等一系列的宏观手段才得以解决，府际关系这一概念由此诞生。克莱德·F. 施耐德（Clyde F. Snider）1937年在《美国政治学评论》上发表的文章《1935-1936年的乡村和城镇政府》，最早提出政府间关系（Intergovernmental Relations 简称 IGR）。② 威廉·安德森（Anderson）最早概括了府际关系的要义：各层级政府间出于利益最大化原则，在合作竞争过程中产生的系列网络互动关系，同时，他认为政府间的人际关系、行为规范是此概念的核心所在。③ 谢弗瑞兹（Shafritz）认为府际关系的核心是不同层级政府为某一区域提供公共管理服务的政策和机制。④ 莱特（Deil S. Wright）认为府际关系合作是政府在纵向和

① 李铁立. 边界效应与跨边界次区域经济合作研究［M］. 北京：中国金融出版社，2005：19.
② 谭羚雁. 地方治理视野下中国政府间关系研究——欧盟"开放式协调法"的借鉴与思考［J］. 东北大学学报：社会科学版，2011，13（2）：6.
③ Anderson W W，Jaros R M．BASILAR ARTERY DISEASE-Clinical Manifestations．［J］. California medicine，1960，92（6）：400-402.
④ Shafritz, Jay M. Introducing Public Administration.［M］. 北京. 中国人民大学出版社，2011.

横向两个方向上相互作用并结成的关系，包括分属于不同区域政府之间的关系。① 格拉布（Denhardt Grubbs）认为府际关系是不同层级政府之间在执行公共计划中结成的相互依赖关系。② 国内最早对府际关系做出定义的是林尚立，把府际关系定义为各级政府之间以及各个地区政府之间的关系，包括纵向和横向两种府际关系。③ 国内第一个使用"府际关系"名词的是谢庆奎，他认为，府际关系是政府之间发生在垂直、水平两个不同方向上的不同关系④，是政府之间的权利配置和利益分配的关系，包括利益、权利、财政、公共行政等关系。其中，利益是府际关系的核心。任维德认为，府际关系的主要内容围绕人、财、物等内容展开。

府际合作是府际关系的一个衍生，学界普遍认为，府际合作就是政府间合作。西方国家关于政府间合作的研究较早。菲利普·库珀（Philippe Cuper）提出：地方政府是政府间合作中最具活力的因素⑤；J. 库恩（J. Coon）认为政府合作的意愿取决于规模经济、任务的方便性、闲置的设备和政府服务的共享性。S. S. 波斯特（S. S. Post）指出地方政府选择合作的情况与区域内政府间的地理密度有关，对资本密集型生产而言，密度越高越容易达成合作，而对劳动密集型产品而言，则选择合作的意愿不明显。⑥

---

① Wright D S . Understanding intergovernmental relations : public policy and partici-pants' perspectives in local, state, and national governments [J]. Acoustics Speech & Signal Processing Newsletter IEEE, 1978, 19（1）: 196.

② Denhardt R . Public Administration：An Action Orientation [J]. Cengage Learn-ing, 1999.

③ 林尚立. 国内政府间关系 [M]. 杭州：浙江人民出版社，1998：21.

④ 谢庆奎. 中国政府的府际关系研究 [J]. 北京大学学报（哲学社会科学版），2000，037（001）：26.

⑤ 菲利普·J·库珀. 二十一世纪的公共行政：挑战与改革 [M]. 中国人民大学出版社，2006.

⑥ Post S. Local government cooperation：The relationship between metropolitan area government geography and service provision [C]. Annual Meetings of the American Political Science Association, 29Aug-1Sep. 2002.

H. V. 维瑟（H. V. Visser）认为地方政府合作的决定性因素不是城市区域政府的形式，而是城市政治文化和组织文化以及它们对地方政府官员特别是管理者的影响。[1] 任维德认为，府际合作通常是指一个国家内各层次（级）政府之间以相互需要为基础而展开的各种形式的合作，包括中央（联邦）政府与地方（成员单位）政府之间的合作、地方政府之间的合作，以及政府部门之间或经由授权履行政府职责的其他公共组织之间的合作。[2]

随着改革开放以来府际关系实践的不断发展，府际关系研究成为一个重要的研究领域，研究内容更加丰富，视野随之拓宽。因此，衍生出府际治理这一概念。[3] 其本质上就是府际关系的治理，包含府际关系、府际合作等内容，是当代中国府际关系研究的新趋向。有学者认为，府际治理是打破传统的区域层级观念，建立强调权力或资源相互依赖、开放和合作的新地方主义和一种健康和谐的公共组织关系。[4] 府际治理具有以下几个特征：一是打破了传统政府行政组织的区域和层级观念，将其视为网络状组织，各级政府可以便捷地获取信息，并相互依赖与合作；二是注重构建良好的政府间关系、政府与民营企业、公民个人之间的关系，提高处理公共事务的效率；三是转移公共物品和服务供给，提高供给效率；四是采用小社区、跨边界的治理方式，更便于管理；五是注重功能整合，通过整合相关区域的资源和能力解决

---

[1]　Visser J A. Understanding local government cooperation in urban regions: Toward a cultural model of interlocal relations [J]. The American Review of Public Administration, 2002, 32 (1): 40-65.

[2]　任维德. "一带一路"战略下的府际合作创新研究 [J]. 内蒙古社会科学, 2016, 37 (1): 7.

[3]　张紧跟. 府际治理：当代中国府际关系研究的新趋向 [J]. 学术研究, 2013, 339 (2): 38-45.

[4]　黄一涛. 基于府际治理的长三角流域环境有效治理研究 [J]. 中共杭州市委党校学报, 2008: 50 (1): 88-93.

问题。

本书涉及的府际治理，指的是在次区域合作机制下，各国之间，国家与地方政府之间，隶属于不同主权的地方政府之间，在合作发展方面达成共识，共同围绕发展目标，以平等协商、兼顾各方利益为原则，通过建立合作机制、提供公共服务、合理配置资源等途径，对区域内公共事务共同治理，发挥区域整体功能，实现区域共同发展。

二、次区域府际治理实践路径

在次区域合作过程中，如何实现对府际关系的有效治理，推进次区域合作的调整与升级，引起了学者的广泛关注。有学者提出"复合行政"的概念，倡导转变政府职能，协调各级政府间关系，推动区域一体化的进程。通过调整政府职能，使政府不断满足市场经济要求，推进政府行政机制与区域经济发展相互协调。[①]有学者提出，应该调整政府领导和区域经济发展的关系，协调各级政府间关系以满足区域经济发展的需求，促进政府与区域经济协调发展。[②] 本书认为，次区域府际关系治理是以地缘关系与多主体合作为基础，旨在解决主体自身经济、安全、生态环境及政治等问题为导向，通过次级政府之间协商或契约而固化的制度安排，协调政府或私营部门之间的合作，实现次区域整体和参与主体利益最大化，完成府际关系治理的合作目标与合作格局。（详见图 2.1）。[③]

---

① 王健，鲍静，刘小康，王佃利."复合行政"的提出—解决当代中国区域经济一体化与行政区划冲突的新思路 [J]. 中国行政管理，2001（3）：44-48.
② 陈瑞莲，张紧跟. 试论区域经济发展中政府间关系的协调 [J]. 中国行政管理，2002（12）：65-68.
③ 刘祖云. 政府间关系：合作博弈与府际治理 [J]. 学海，2007，103（1）：79-87.

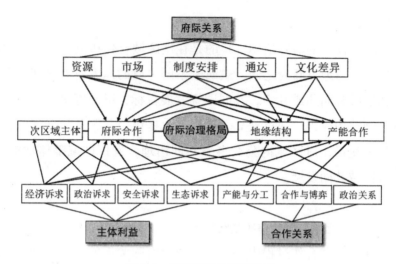

图 2.1　府际治理的实现路径

次区域的治理环境存在以下特征。一是存在一个经济梯度、市场分割、区域交通阻断、社会文化差异及区域安全隐患的多矛盾体区域。次区域各主体以解决次区域问题为指引，促进各级政府间的合作，建立跨越不同等级之间的协调合作关系，不断完善在府际关系方面协议政策等机制，关注不同层级政府之间的协作进展。二是存在民族宗教文化差异，次区域主体与居民对发展观念树立一致的价值观念，建立合作组织，协调政府与政府之间、政府内部之间以及与各种社会团体之间的利益，来实现政府既定目标。三是存在次区域地理环境连续性与公共产品供给地域分割性的矛盾。府际合作机制将政府直接生产的公共物品和服务，通过采用政府间协议、合同外包等方式，分散到民营企业、个人等第三方当中，经过合理安排，将各个主体联系在一起，建立高效率的公共物品供给和服务供给多元化。四是存在次区域内主体两两之间的局部博弈或不合作状态。在府际治理框架下，缓解或解决除内部主体之间的历史隔阂、利益纠纷与资源争端等矛盾，实现次区域内部多主体多边网络结构，使各方主体能够共同参与，发挥整体网络效应与主体自身利益实现。五是存在跨境资源、跨境民族和跨境市场等边界阻断现象。府际治理注重打破次区域行政边界，通过构建次区域、跨行政区的治理结构，便于建设高效率开发利用自然资源、高水平跨境民族文化沟通交流和高开放度的统一市场，提升区域内整体竞争水平。

第三节　地域分工理论

一、"中心—外围"理论

阿根廷经济学家劳尔·普雷维什最先提出中心—外围理论。他将资本主义市场体系分为生产结构同质性和多样化的"中心"，以及生产结构异质性和专业化的"外围"。"中心"主要指西方发达国家，"外围"主要指发展中国家。两者既联系又互补，形成全球经济体系。董国辉认为，"中心—外围"理论具有理论体系的整体性、动态性，"中心—外围"各自结构的差异性，"中心—外围"之间关系的不平等性。发达国家已经成为全球经济体系的中心。产品定价与生产要素由发达国家决定，而外围发展中国家则依靠内部较发达国家。外围国家发展越深入则越依赖内部较发达国家。为了满足发展全球资本主义市场的需求，由外围国家不断向内部国家提供低成本的劳动资源与基本的生产要素。① 在"中心—外围"理论下，发达国家与发展中国家还有着严重的不平等性。要改变这一格局，就需要外围国家进行合作，调整目前的商业往来模式。

---

① 董国辉. 经济全球化与"中心—外围"理论［J］. 拉丁美洲研究，2003（2）：50-54.

二、地缘区位论

区位论是经济地理学和区域经济学的基础理论，主要探讨人类经济社会活动的空间遵循法则及一般规律，重点研究人类各种经济社会活动的空间分布，在推动社会经济发展、规范区域开发秩序方面发挥了积极的作用。从时间范畴来看，主要包括古典区位理论、新古典区位理论和现代区位理论。从研究内容来看，包括杜能的农业区位论、韦伯的工业区位论、克里斯泰勒的中心地理论和廖什的市场区位论。地缘区位理论是从地缘政治的角度来研究区位论。地缘区位论不仅表征为一个国家或者地区的自然地理属性，还涉及其在世界政治、军事、战略格局中的地位和安全。从地缘政治论的角度来分析，无论在任何阶段，国家安全与对外政策选择都受到地缘因素的影响。①

地缘关系是国家和地区之间，在一定的地理范围内活动交往产生的。随着科学技术和交通运输的发展，人们交流往来更加方便快捷，推动地缘关系向新的方向发展。② 区域间的地缘关系主要有地缘政治、地缘经济和地缘文明。地缘政治主要考虑地理范围，依据经济和社会等因素的发展，分析和预测有关国家的政治行为。地缘经济是毗邻的国家或地区，在全球经济一体化与区域集团化的过程中，通过经济往来合作，促进临近区域形成互补关系，或者对立、互设壁垒形成竞争关系，从而形成的区域组织联系。地缘文明是由于相邻的民族、地区之间的文化彼此联系，在相当长的一段时间内共同生活在同一个地域内产生的。在地缘经济中，国家之间的对外贸易往来，会受到一个地域的地理位置以

---

① 陈乔之. 冷战后东盟国家对华政策研究［M］. 北京：中国社会科学出版社，2001：94.

② 胡潇. 经济空间的"中心"与"外围"［J］. 学术研究，2019，411（2）：15-22.

及区位优势的影响。这是一种国家或国家集团间的经济联系，突出的形式展示为区域经济集团化。随着各地区之间的分工不断细化，跨国公司成为区域经济发展的媒介，是地缘经济发展的重要组成部分，加强了各个地区之间的联系，促进了地缘经济的发展。因此，应当将地缘区位论结合实际区域情况，找到主导因素提升地缘区位价值，发挥地缘区位优势，发展地缘经济。

三、劳动地域分工与协作理论

劳动地域分工理论是区域经济地理学的重要基础理论之一。劳动地域的分工与协作及职能专业化，是区域化的主要内容与重要标志。劳动地域分工是以部门为基础进行的地域间分工，通过商品流通，满足社会对产品的需求，发挥地域优势，以实现经济、社会的效益最大化。分工不仅决定了地区生产专门化的发育程度，也在很大程度上提升生产率和合作效益，实现区域协调发展。各个地区通过交换，可以降低生产成本，创造更高的国民财富。亚当·斯密提出，创造物质财富的主要途径是提升生产效率。每个国家以本国拥有的优势生产要素，进行分工协作生产。[①]大卫·李嘉图的比较成本论认为，每个国家应集中力量生产成本较低、带来较大利益的产品，然后进行国际贸易。在各国自由贸易发展，各地区劳动力和资金等生产要素不能在世界范围内自由流动的条件下，根据比较成本原理进行国家或地区之间的分工，可以完善劳动力分工体系，提高生产率。赫克歇尔·俄林要素禀赋论认为，生产不同的商品时需要不同的生产要素配置。由于生产资源在地区间的分布不均匀，每个国家的地区可以充分利用其自然资源、劳动力以及技术等自有资源，进行生产和对外贸易交

---

① 韩会朝. 地理、贸易与新国际分工：理论与实证研究［D］. 南京：东南大学，2016：113.

换产品和服务，通过对外贸易，缓解国家和地区之间资源分配不平衡的问题。

随着世界经济全球化、一体化、信息化迅猛发展，全球性市场已然形成，工业发展更加现代化，产业链日渐网络化，产生大量跨国公司及其他国际合作组织，劳动地域分工越来越注重协作化、专业化和高效化。劳动地域协作又可称为"区域协作""区域合作""区域协调"等，意义大同小异。当前，随着全球性市场的形成，跨国公司及其他国际合作组织的大量出现和发展，信息技术高度发展并日益融入生产生活，社会分工更显扁平化、地域分工更趋网络化，劳动地域分工与协作也被推进一个新的历史阶段，网络状地域分工与协作新模式正在形成。

四、经典博弈理论

一个完整的博弈行为必须具备这几个要素：①参与者（player），必须由两位及以上参与者共同参加才能构成博弈行为；②策略矩阵，包括奖励策略（R）、惩罚策略（P）、合作策略（C）、不合作策略（D）等，博弈策略空间；③收益矩阵，博弈参与者通过选择不同的策略产生收益，构成收益矩阵。假设每位博弈参与者都是追求自身利益最大化的理性人，下面通过一个博弈模型解释以上几个要素。例如，两位参与者进行博弈，每位参与者均有两个策略可供选择，即 C 策略与 D 策略。其策略矩阵见表 2.1。

表 2.1　策略矩阵

策略	自身收益	对手收益
C	−1	+2
D	+1	−1

从表 2.1 中可以看到，若选择 D 策略，则博弈者自身获得 1

单位收益，为对方带来 1 单位损失；若参与者自身选择 C 策略，则博弈者自身花费 1 单位收益，能为博弈对方带来 2 单位收益。但是，博弈是由博弈参与者自身及其对手共同参加完成的，双方的收益矩阵见表 2.2。

表 2.2　双方收益矩阵

策略	C	D
C	(1，1)	(-2，3)
D	(3，-2)	(0，0)

博弈双方策略相同时，若二者都选择 C 策略，则收益均为（-1+2）单位，称作互相合作的收益 $R=1$；若二者都选择 D 策略，则双方均能获得（-1+1）单位收益，即互相背叛的代价 $P=0$。当博弈双方策略不同时，若选择背叛 D 策略则得到（1+2）单位收益，代表背叛的收益 $T=3$；若选择合作 C 策略，则损失（-1-1）单位成本，代表愚蠢的成本 $S=-2$。

博弈过程中，参与者自身要实现自身利益最大化，还要综合考虑对方会如何选择策略。从表 2.2 中可以看出，无论对方选择 C 策略还是 D 策略，参与者选择 D 策略的收益都比 C 高（1<3，-2<0），因此，参与者的严格占优策略为背叛 D 策略。同理，当对手选择背叛 D 策略时，D 策略就是参与者的优势策略。由于每位参与者均为理性人，因此，D 策略是对手的严格优势策略，这个博弈的均衡解为（D，D），又称为"纳什均衡"。

根据这一理论，参与者能够在博弈过程中，依据自身能够获取的收益选择继续保持原有策略或者学习对方策略，与对方选择的策略相匹配，形成一种稳定的状态。

第三章

次区域府际合作的驱动机制

对于府际关系的驱动机制分析框架，学者聚焦竞争和合作两种形态，分别提出了政府间竞争的理论模型，包括：地方支出纯理论模型，用来解决府际合作中公共产品的最佳供应问题，通过税收来平衡府际间的公共产品和服务支出，达到合作共赢的模式；劳瑞模型，麦克格尔将空间作用理论引入劳瑞模型，建立"投入—产出"模型分析次区域公共空间与区域一体化规划；布雷顿的竞争性政府一般模型，旨在通过国家内的空间多样性与地方自主权，建立积极区域经济新秩序。

综合来看，在上述分析框架中，无论是乐观看待次区域府际关系竞争，还是对府际合作的可行性持有悲观态度，府际关系博弈进而引发的过度竞争，对于整体和各主体都是一种效率影响。因此，界定和厘清次区域府际合作的各种驱动要素和动力机制，对于研究府际治理问题尤为重要。本书在次区域府际合作中引入APT-R分析框架①，即政府之间的合作意愿取决于发展引力、梯度压力、战略推力和博弈阻力四个因子，进而分析实证区府际合作的动力机制与路径优化。

---

① 李雪君. 房地产投资信托基金（REITs）市场风险因子研究：基于 APT 模型的分析 [D]. 北京：中国人民大学，2011：76.

第一节 府际关系的 APT-R 因子模型

一、发展引力

A 代表次区域合作发展引力（Attraction），是次区域各主体的合作动机。在次区域合作制度安排下，次区域政府作为一个相对独立的决策主体而存在，在府际合作中必然会追求个体发展利益的最大化。假设次区域主体发展程度均质化，那么府际合作的网络效应可以实现合作收益的最大化，通过参与合作，参与主体带来的额外收益即为区域合作引力。考虑次区域发展水平的非均衡性，可以划分为较发达主体和欠发达主体，这两类主体间存在规模、领域、资源、市场的互补性，通过互补性合作即次区域职能分工，将很大程度地催生府际合作的网络效应，进而对次区域各主体产生更强大的区域合作系统吸引力。从吸引力的类型和成因来看，可以划分为贸易一体化、投资一体化、产能分工与协作、基础设施一体化和文化社会交流等。对欠发达主体而言，通过共同克服地理与交通的阻隔，促进行政区阻隔的府际构建合作关系，进而在合作中获得发展共赢。另外，对于较发达次区域政府，区域市场一体化及其投资便利化建设，有助于主体共同开拓市场、获取投资回报及和平共享发展环境合作收益。

二、梯度压力

P 代表次区域发展梯度导致的梯度压力（Pressure）。随着新区域合作的发展，各区域主体以构建增进民生、提高治理能力、促进经济社会发展为目标，对于经济发展滞后引发的绝对贫困、交通闭塞、生产力低下、民族地区冲突、犯罪等经济社会问题，次区域府际合作能够有效借助第三方力量实现合作收益；且利用第三方支付能够降低发展费用、填补财政资金缺口、获得次区域合作的正外部性。这对次区域内资金短缺、企业主体弱小、产业分工低下的主体而言，短期靠国内资源与资金的自力更生之路异常坎坷。因此，出于解决财政困境、提高资源利用效率、提升基础设施水平、嵌入国际产业链分工、促进地方社会经济的全面发展、构建福利社会等利益诉求，次区域国家之间的发展梯度导致参与府际合作的紧迫感，即梯度压力。而实际上，无论是哪类次区域主体，由于企业、行业协会等各种社会网络资源的发展壮大，相互之间的联系越来越紧密，打破区域壁垒，共建统一市场和区域网络，实现府际合作高效治理，都是企业等非政府组织的利益诉求。

三、战略推力

T 是各主体发展战略趋同带来的战略合力或战略推力（Thrust），也是次区域府际关系的氛围与生态。当今世界区域一体化已经成为次区域发展的共同路径，顺应全球经济一体化、区域化趋势，次区域各主体会长期谋划与推动府际之间的合作，进而提出既符合主体优势、主体利益，又能增进合作伙伴收益的战略倡议与策略方案。这种各国主体对于合作战略的推力是合作引力与发展梯度压力共同作用下的博弈和决策。从次区域整体来看，"孤掌难鸣"是府际合作战略的常态。随着各个主体合作战略趋同，逐渐向"多掌也难鸣"量变，指导有内部或第三方利益主体做出突破战略回应层面的实际行动，管控合作战略分期，增进各个主体战略协同，进而促成次区域府际合作关系建立。因此，我们可以将府际合作战略推力划分为主体战略推力、集成战略推力和策略扰动者三个维度。

四、博弈阻力

R 代表作用于次区域府际关系的博弈障碍，即博弈阻力（Resistance）。次区域合作中的各个利益主体符合"经济人"假设，地方政府拥有充分经济活动自主权，具有相对独立经济利益，在经济决策过程中往往是从本地区经济利益出发，以本地区利益最大化为目标，可以看作理性"经济人"。然而，在次区域合作实践中，决策过程与利益目标具有时限性，再叠加历史因素、民族特性、地缘博弈、军事因素等变量，对合作发展的考量具有复杂性。次区域外部的第三方主体因素也不容忽视，外部主体基于自身利益对府际合作施加影响，支持或阻碍的决策也会影响该区域内部主体的决策，进而导致合作博弈加剧，影响府际合作进程。因此，博弈阻力对于合作引力、梯度压力和战略推力均可以产生影响，进而增加或降低上述三种正向作用力。例如，第三方主体通过释放"胡萝卜"政策，吸引被影响主体的合作引力，缓解自身发展的梯度压力；反之，第三方主体通过施加"大棒"政策，给被影响主体带来压力，进而影响主体做出正确的符合次区域合作利益的决策（详见图 3.1）。

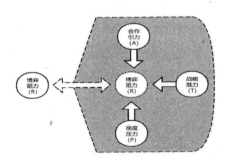

图 3.1　府际合作 APT-R 动力机制示意

综上所述，次区域府际合作的建立，在合作驱动机制上必须增加次区域合作引力，有效缓解梯度压力，增加战略协同推力三个因子的正向作用，减少内部或外部主体间的博弈阻力这一因子的负向作用，其目标是在次区域府际关系中形成磁场效应，次区域主体决策与策略扰动者分别作为两个磁极，在为府际关系转型提供加速度的同时，促进次区域经济社会发展提高网络效应，形成共赢格局。

第二节　基于主体异质性的府际博弈分析

一、有限理性概念

在经典博弈理论中，通常假设博弈双方是绝对理性的。然而，在社会环境中并没有绝对理性的人。尤其是现在社会环境以及生活中存在的问题错综复杂，而且参与者会受到自身知识储备不足，以及生活经验等方面的限制，往往不能全面看待问题、思考问题，因此，参与者通常是有限理性人。博弈参与者在博弈中不可能一次就发现占优策略。由于在博弈中，对方决策等众多不确定性因素的存在，博弈者需要及时进行学习和改变，进行经验总结，调整自身策略，以满足博弈过程，以至于这种平衡状态会不断被打破，导致均衡解发生变化。所以，学者研究静态博弈深入研究动态博弈。在进行研究的这一过程中，通过实时动态学习对手策略、预测策略变化趋势、调整自身策略，最终形成一种稳定状态。这种平衡状态不是指唯一的均衡解，而是博弈参与者选择一个确定策略所占比例的稳定性。这是演化博弈理论与经典博弈理论二者最大的区别。

二、群体策略选择

个体之间有选择行为，群体之间也有选择行为。由于组群的种类不同，组群可以分为纯合作组群和纯背叛组群。在群体选择的条件下，组群中合作者帮助他人，而背叛者背叛他人。组群中的收益体现在繁殖数量会成比例增长，当组群数量达到临界状态时，会自然分裂成两个组群。为了限制总体大小，其中一个组群会走向灭绝。通过研究发现，组群增长速度是导致分裂的重要因素，增长速度越快越容易导致组群分裂。由于纯合作群体中个体间的合作关系，以至于纯合作组群和纯背叛组群二者相比，前者更容易分裂。但是，混合组群当中，由于合作者不及背叛者的繁殖速度，对于高水平上的组群会支持合作者，而在低水平上的组群会支持背叛者。这一研究是在"组群繁殖力选择"的基础上进行的，指的是相比背叛者，合作者的群体更不容易灭绝，也就是合作者的组群比背叛者的组群更容易生存。群体选择理论可以表示为这样的规则：

$$\frac{c}{b} > 1 + \left(\frac{n}{m}\right) \tag{3.1}$$

其中，c 表示一方付出的成本，b 表示另一方获得的收益，组群（大群体划分的小群体）的数量为 n，组群内个体的数量为 m。

三、演化稳定策略

假设在一个总体中随机重复地选取个体进行 2×2 的双人对称博弈，其中每个个体被选中的概率相同。有一部分个体选择原策略（可以是纯策略或混合策略）表示为 $x \in \Delta$（Δ 表示混合策略单纯形），另一部分个体是变异者采取变异策略（可以是纯策略或混合策略）表示为 $y \in \Delta$，变异者的数量与被入侵总体数量的比例

为 ε，$\varepsilon \in (0, 1)$。如果变异者入侵到群体中，两方开始博弈，对被入侵的博弈者而言，对方选择变异策略 y 的可能性为 ε，对方选择原策略的可能性为 $1-\varepsilon$。博弈者选择混合策略 $w = \varepsilon y + (1-\varepsilon) x$ 取得的收益和双态匹配获取的收益相同。设博弈后变异策略获得的收益为 $u(y, w)$，原策略获得的收益为 $u(x, w)$。对每个变异策略而言，假如选择变异策略取得的收益低于原策略收益，我们就称原策略为"演化稳定策略"。也就是说，若变异者取得的收益低于原策略取得的收益，变异策略就得不到演化。

四、合作博弈机制

(一) 直接互惠

直接互惠是指个体之间进行的交换是平等的。如果博弈双方进行下一轮博弈的发生概率高于不求回报行为的成本收益比，则直接互惠可以促使博弈者之间的合作得以演化。因为直接互惠促使博弈者之间进行合作，所以博弈者本身与博弈对手要记得自己的同伴，以及双方之前进行交换的策略产生的结果。通过直接互惠，大量的博弈策略也随之演化。直接互惠现象体现在社会生活的方方面面。在重复性博弈试验中，博弈者选择一种策略能够引起理性的博弈对方进行合作，然而，并不是所有的策略都会引起对手进行合作。博弈双方的互动越频繁，重复合作互动的次数越多，博弈双方进行交换发生的概率越高，博弈双方越容易进行合作。

(二) 间接互惠

虽然直接互惠为解释合作行为提供了一种强有力的合作机制，但它依赖于两个个体之间的反复互动。然而，在社会环境中，与他人进行互动通常是暂时的，个体之间也不会反复互动。比如，人们之间合作，不是必须获得直接奖励。这一做法通常会获得一些名誉及声望，将来能够从别人那里获得奖励。间接互惠是指，预期将来获取的收益超过目前付出的代价，行为则会发生。

（三）网络互惠

间接互惠理论认为，个体之间是随机进行交换的，然而个体间的交换通常不是随机进行的，不同的个体通常会选择特定的对象进行交换。网络互惠就是对这一现象一个很好的描述。May 与 Nowak[1] 首先提出网络互惠，每个节点为一个个体，其存在于一个正则格子中，相邻节点的个体之间通过采用某个博弈模型进行交互，并学习对方策略，不断更新自身的策略，使自身的未来收益最大化，形成动态演化。随着对网络互惠的深入研究，学者对合作行为进行了分析，从多种角度及不同的研究方法来调查其产生的原因。有两篇新颖的文章出现在 20 世纪末，聚焦于复杂网络的研究热点，得出了复杂网络有两个特征，一个是小世界特征，另一个是无标度特征。到目前为止，学者仍然十分热衷于对复杂网络的研究，特别是将其与演化博弈相结合。而且，只有研究主体间不断交互、互相依赖的网络，才适合社会环境发展变化。

五、群体选择与直接互惠

直接互惠以个体相互合作为基础，双方是平等的。在博弈过程中，如果博弈双方进行下一轮博弈的概率高于利他行为的成本收益比例，直接互惠就能使合作得到演化。在众多博弈模型中，直接互惠的一个经典模型就是重复囚徒困境。在重复囚徒困境博弈中，c 表示一方付出的成本，b 表示另一方获得的收益，若重复进行下一次博弈的概率 w 大于给对方带来收益的成本收益比 $\dfrac{c}{b}$

---

[1] Nowak M A, May R M. Evolutionary games and spatial chaos [J]. Nature, 1992, 359 (6398): 826-829.

时，即

$$w > \frac{c}{b} \qquad\qquad (3.2)$$

那么合作就能得到演化。

模型假设与建立。

假设一：假设在囚徒困境博弈的过程中存在两个博弈者，既可以进行个体与个体间的博弈，也可以进行群体与群体间的博弈。将进行博弈的双方分别设为博弈者1和博弈者2，博弈双方都可以选择作为"合作者"或者"背叛者"。下面将选择合作策略的博弈者记作C，选择背叛策略的博弈者记作D。

假设二：假设博弈者1选择合作策略所占的比重为x，博弈者2选择合作策略的占比为y，则选择背叛策略所占的比重为$1-x$、$1-y$，x，$y \in [0, 1]$。x，y为关于时间t（$t>0$）的函数，且连续可导。

假设三：假设囚徒困境中的两个参与者在群体选择和直接互惠共同条件下进行博弈。设w是有下一次两个博弈者再次遇到的可能性，$w \in [0, 1]$ $1-w$是博弈结束的可能性，整个组群的数量为n，组群内个体的数量为m。

囚徒困境在群体选择单独条件下，博弈者1和博弈者2的收益矩阵为表3.1。

表3.1　在单独条件下博弈者1和博弈者2的收益矩阵

项目		博弈者2	
		C策略（y）	D策略（$1-y$）
博弈者1	C策略（x）	$(n-m)R$, $(n+m)R$	$nS+mR$, $nT+mP$
	D策略（$1-x$）	$nT+mP$, $nS+mR$	$(n+m)P$, $(n+m)P$

接下来，囚徒困境在群体选择的基础上再进行直接互惠机

制，这个计算过程与囚徒困境单独在直接互惠下的计算过程类似。由于博弈双方第一次相遇会发生三种情况：其一，博弈双方都选择合作；其二，一方选择合作，另一方选择背叛策略；其三，博弈双方都选择背叛。由于第一次博弈双方选择的策略不同，博弈双方之后选择的策略也不同，最终有不同的收益结果。下面分三种情况讨论。

当第一次相遇时，博弈双方都选择合作。因此，满足直接互惠的条件，所以接下来当博弈双方再次相遇时，两方都会选择合作，最终博弈双方收益都为 $u(C, C)$：

$$(n+m) R \times (1+w+w^2+\cdots) = \frac{(n+m) R}{1-w} \tag{3.3}$$

第一次相遇时，一方选择合作，另一方选择背叛策略，则不满足直接互惠的你帮助我，我就帮助你的条件，所以导致了从第二次起，当博弈双方再次相遇时，他们都不再合作，博弈双方都会选择背叛。

因此，最终合作方的收益 $u(C, D)$：

$$(nS + mR) + (n+m) P \times (w + w^2 + \cdots) = (nS + mR) \frac{w (n+m) P}{1-w} \tag{3.4}$$

背叛方的收益 $u(D, C)$：

$$(nT + mP) + (n+m) P \times (w + w^2 + \cdots) = (nT + mP) \frac{w (n+m) P}{1-w} \tag{3.5}$$

第一次相遇时，博弈双方都选择背叛，不满足直接互惠的你帮助我，我就帮助你的条件，所以接下来当博弈双方再次相遇时，两方都会选择背叛，最终博弈双方收益都为 u（D，D）：

$$(n+m) P\times (1+w+w^2+\cdots) = \frac{(n+m) P}{1-w} \tag{3.6}$$

囚徒困境在直接互惠和群体选择的共同条件下，博弈者 1 和博弈者 2 的收益矩阵见表 3.2。

表 3.2 在共同条件下博弈者 1 和满弈方 2 的收益矩阵

项目		博弈者 2	
		C 策略（y）	D 策略（$1-y$）
博弈者 1	C 策略（x）	$1-w$（$n+m$）R	（$nS+mR$）$+\dfrac{w (n+m) P}{1-w}$
	D 策略（$1-x$）	（$nT+mP$）$+\dfrac{w (n+m) P}{1-w}$	$\dfrac{(n+m) P}{1-w}$

第四章

云南参与澜湄合作进程

近年来，中国随着综合实力的提升，更加强调对于国际社会的责任担当和义务履行。通过不断创新国家治理体系、不断提升国家治理能力，促进全球治理的新发展，中国在国际体系建设中的地位和作用越来越凸显。在此时代背景和地缘政治影响下，中国"一带一路"合作倡议的提出，澜湄合作机制倡导的建立，既顺应世界发展形势的要求，也契合澜沧江—湄公河流域各国加快发展的愿景。在中国积极推进澜湄合作背景下，云南积极融入澜湄合作，既符合国家赋予的建设面向南亚东南亚辐射中心的功能定位，也是云南推进沿边开发开放，促进经济社会高质量发展的必由之路。本章重点梳理剖析云南参与和融入澜湄合作过程中，机制的建立及运行情况，取得的成效及存在的困难，发展措施及保障情况等，为强化云南辐射功能和拓展云南融入路径奠定基础。

第一节　澜湄合作机制演变

一、合作成效

2008 年，国际金融危机使全球陷入经济衰退。世界经济体系开始发生新的变革和调整。世界各国更加意识到实现国家经济的可持续发展必须进一步加大次区域合作力度。以此为契机，次区域各国由于市场化的驱动、非传统安全问题频发等内生因素，以及逆全球化和贸易保护主义的兴起等倒逼，亟须新升级版本的合作机制。泰国英拉政府在 2012 年的国家战略中提出加强湄公河地区合作的设想。2014 年，李克强总理首次倡议建立澜湄对话合作机制。2014 年年底，李克强总理再次表明与各方共建次区域合作升级版的愿望，湄公河各国政府纷纷积极响应。2015 年 4 月，澜湄合作机制正式启动构建。2015 年 11 月，澜湄合作机制正式建立。① 2016—2020 年，首次领导人会议明确澜湄合作的发展导向和原则理念。第二次领导人会议提出建设澜湄国家命运共同体，持续巩固"3+5 合作框架"，努力构建"3+5+X 合作框架"。第三次领导人会议提出要实现三个"更加"：全球治理体系更加包容、多边合作机制更加有效、区域合作方式更加积极。

澜湄合作机制充分吸收了 GMS 机制几十年来的合作经验，致力于实现新形势新背景下，次区域合作的全面深化，是六国在多种机制、多个层次、多个领域内不断深化合作、密切合作交融的结果。五年来，六国自主合力，共商共建，合作机制的制度不断健全、架构更加完备、运转稳健有序，相关配套机制逐步健全完善并有序运转，"三位一体"合作格局不断推进，跨境合作不断取得重要进展，尤其是近年来，在机制建设完善、金融支撑保障、务实合作共赢、民心沟通交流等方面取得了积极的进展和成效，已经成为中国—东盟合作与中国周边外交的新亮点，也是"一带一路"建设的重要成果，形成了特有的"澜湄格局""澜湄速度""澜湄文化"。在这一过程中，云南充分发挥地缘优势，把积极参与澜湄合作融入经济社会发展和对外开放的总体布局中，有效促进了合作立体平台的形成，并取得了一定成效。

① 刘稚，李晨阳. 大湄公河次区域合作发展报告 [M]. 北京：社会科学文献出版社，2011.

机制建设逐步完善，政策沟通持续提升。作为中国推进次区域合作的一项重要举措，澜湄合作自成立以来就是国际社会关注的焦点。流域各国秉持"共商、共建、共享"的合作发展理念，确保民生优先，坚持项目为本，高效务实推进，多层级合作机制不断完善，有力促进了中国"一带一路"倡议的实施，逐步增进中国—东盟合作，体现了中国倡导的构建人类命运共同体理念。多层次、宽领域的合作架构基本建立，政治、经济、社会三大支柱板块基本确立，五个领域优先展开合作，合作框架中的"X"不断推动，合作框架已初步形成。

设施连通成效显著，重大项目进展顺利。澜湄合作促进了次区域各国的产业化和城市化进程，促进了产业结构转型升级，基础设施相互连通，有力推进了次区域合作，取得了显著成效。综合交通基础设施网加快构建，高速公路、铁路、航线、水运全面推进，中越、中老泰、中缅、中缅印铁路云南境内通道进展顺利。中老铁路 2021 年年底通车，中泰铁路预计 2027 年通车运营。

跨境合作有序开展，贸易畅通方兴未艾。在中国投资建设的跨境经济特区建设合作方面，泰国罗勇工业园、老挝赛色塔工业开发区、越南龙江工业园、柬埔寨西哈努克港经济特区等项目都在有序推进。截至 2019 年 12 月，老挝磨丁经合区入驻企业 275 家，老挝赛色塔开发区入驻企业 74 家，保山—缅甸曼德勒缪达经合区签订入园协议企业 9 家；中缅跨境电商产业园区在瑞丽启动建设；河口跨合区高新技术电子信息产业园开工，首批 8 条电感线材生产线建成投产；猴桥、天保等边境经合区建设有序推进。

金融支撑保障有力，资金融通格局初现。中国的金融支撑是次区域合作顺利实施的重要保障。2015 年以来，中行沿边金融合作服务中心、农行泛亚业务中心、建行泛亚跨境金融中心、浦发银行离岸业务创新中心等区域性功能总部先后在昆明成立。驻滇银行机构设立沿边金融合作服务中心、泛亚跨境金融中心、泛亚业务中心等区域性功能性总部。中国人民银行昆明中心支行与老挝、泰国央行建立合作关系。富滇银行、太平洋证券在老挝分别设立了老中银行、老中证券，开境外设立经营机构的先河。

安全合作水平不断提升。与澜湄国家在边贸通关、自然灾害应对、打击各类跨国（境）违法犯罪等多个民生安全领域合作频频。中、缅、泰、老持续开展湄公河联合巡逻执法行动，严厉打击澜沧江—湄公河流域内走私涉恐等跨境违法犯罪行为，对犯罪分子起到了一定的震慑作用，有效维护了流域的安全稳定和繁荣发展，为"黄金水道"保驾护航。同时，四国还在"金三角"、老挝孟莫、班相果等重点水域开展水陆联合走访、联合查缉和禁毒宣传、疫情防控宣传等活动。此外，中、缅、泰、老四方还就联合应对处置疫情、打击跨国（境）违法犯罪、禁毒宣传等事宜，进行磋商并达成共识。四国通过陆上实战技能演练、水上联合反恐演练等，全面检验应急处置能力以及协同作战能力。

民心相通深入人心。教育、医疗、科技及新冠疫情防控等方面的合作不断深化。教育合作水平不断提高，"小语种"人才培养和职业教育蓬勃发展，文化交流活动推陈出新，因地制宜传播双方优秀文化，卫生合作交流继续深化，建立了涉外医疗服务合作体建设模式，人文交流方式及内容丰富多彩，成功搭建科技交流合作平台体系，对外援助力度持续加大，友好交往合作水平不断提升。

二、存在问题

当前，全球国际环境日趋复杂，经济下行压力加大，保护主义、单边主义和逆全球化对全球经济活动的干扰日益严重，在实践过程中，澜湄合作面临着一些困难和挑战，如机制赋权、能力建设和内外协调等问题①，以及如何应对外交难题、完善竞合关系、注重利益协调、加强协调对接等。

第一，贸易合作水平亟待提升。次区域贸易合作需要通过开展更广泛的合作，消除次区域国家间商品和服务市场的分割状态，进一步建立深度融合的次区域消费市场，促进与贸易相关领域的全面有序自由化，建立更高水平的次区域贸易体系。因为次区域内各国综合国力普遍偏低，经济发展不平衡，通关便利化水平不等，目前，次区域的消费市场开放程度水平较低，加之各国关税政策差异较大，推进水平、谈判进度均受影响和制约，所以贸易水平的提升，市场的扩大升级，均涉及各国政府的政策协调和谈判磋商，难度较大。此外，次区域内国家主要是参与产业链，获得附加价值较低，主要依靠向欧盟、美国、日本等发达国家和地区出口劳动密集型的低技术产品。次区域国家总体的投资环境和发展氛围需要进一步改善，投资合作方式有待进一步创新和提升。以上因素严重制约了次区域贸易合作水平的提升。

第二，基础设施建设推进缓慢。基础设施互联互通项目往往涉及规模大、建设周期长、资金预算大。澜湄合作较少系统地在互联互通基础项目上进行融资安排，单纯依赖中国等国家和国际组织的援助资金与优惠贷款支持，存在融资额度有限、融资方式单一、民间资本参与较少、资金缺口较大等问题。此外，次区域国家多数发展较为落后，基础设施建设落后状况亟待改善，面临的升级改造和扩容压力较大，严重影响了次区域基础设施建设。

第三，地缘政治关系复杂且微妙。当前，国际政治经济安全格局深刻调整，地缘政治冲突多点频发，大国关系分化重组，战略博弈加剧，风险因素和不确定因素加速积累。湄公河国家既希

---

① 刘卿．澜湄合作进展与未来发展方向［J］．国际问题研究，2018，184（2）：43-54，132.

望借力中国推进本国经济社会发展，又对中国提出的合作倡议、合作项目持有怀疑和戒备心理，不愿过度依赖中国，避免引发本国经济安全问题。地缘政治约束从根本上影响和制约了次区域合作发展水平，影响了次区域基础设施互联互通项目的顺利推进。美国、日本的大国博弈，使该区域一直存在多重动态国际博弈，政治经济体系格局复杂，互联互通建设阻力较大。

第四，政治安全合作有待拓展。对经济技术合作而言，政治安全合作难度更大。澜湄合作次区域各国利益多元化，政治互信不足，严重制约政治安全合作进程。次区域各国综合实力差距较大，面对中国经济的快速发展，部分国家担心中国崛起后，同美国、日本争夺地区影响力，影响地区安全局势；担心中国会冲击东盟合作的中心地位。既对西方国家在本区域的活动保持警惕，又不全部寄希望于中国，折中的办法就是通过"大国平衡"策略引入其他大国，确保自身国际地位，达到战略平衡的目的。另外，湄公河国家认为合作机制难以实现经济收益的平等共享，因此，他们通过参与多重机制的方式，构建自身利益网络。

第五，水资源合作问题仍然凸显。水资源安全与合作是积极应对全球变暖，缓解水资源危机的重要课题。澜沧江—湄公河流域的综合治理，尤其是水电开发与合作，是推进澜湄合作的重要内容，也是次区域各国面临的突出问题。由于跨境水资源开发和利用涉及政治、经济、社会、文化等领域的合作，次区域国家在水资源开发和利用方面的利益诉求与政策主张不同，从而在一些敏感问题上存在不同意见。一些西方国家为制衡中国，故意利用敏感问题制造国际舆论，挑拨国际关系，希望以此制衡中国，严重影响了澜湄流域水资源治理和次区域合作。[1] 另外，存在合作

---

① 王思涵. 澜沧江—湄公河跨界水污染防治机制研究 [D]. 武汉：武汉大学，2019：34-40.

技术水平较低，数据共享不够，政策框架没有广泛约束力等问题。

第六，社会文化意识形态存在差异。澜湄合作在社会文化领域基础较好，但是次区域各国经济发展水平不同，政治制度不一，意识形态各异，以及文化传统和思维方式等方面的差异性，都在一定程度上影响着区域的认同，构建命运共同体的心理基础还不够统一。从宗教文化的角度来看，各国存在异质性。中国的儒家文化注重现世作为，主动谋求发展。而区域内其他国家从思维方式到国家战略都可能受到佛教的影响，共同价值基础相对薄弱。澜湄合作的深化发展，无法单纯依靠顶层设计去实现，民众的认可、支持和参与是必不可少的。从各国主观发展心理来看，"中国威胁论"在次区域国家依然存在。各国参与区域合作的力度、诚意均有所保留。如何进一步塑造共同的主观心理基础，是推进澜湄合作的重要途径。

第七，机制体系建设有待完善。澜湄合作机制制度建设一直在不断推进，但是次区域内的部分民族国家的国家建设还未完成，在区域合作发展过程中，它们非常重视国家主权。而澜湄合作机制尚未构建起强制性的约束机制，对于一些争端的解决也缺乏解决途径。澜湄次区域尚不具备成熟的条件来制定一项统一的且具有广泛约束力的政策框架，也不具备强制性手段解决争端，对各成员国没有形成有力的约束。因此，只有深刻认识次区域国家及地区实际发展情况，根据实际情况完善自身机制建设，才能更好地协调处理与域内外相关合作机制的关系等问题。

第八，区域公共产品外部性问题凸显。在澜湄合作发展进程中，中国充分发挥资金、人才、技术、地缘等优势，致力于深化次区域合作建设和发展。在推进次区域基础设施建设、医疗卫生事业、环境生态保护、扶贫减贫等领域，结合各国经济社会发展的实际情况，提供了大量的基础设施、科技、教育等方面的合作机会。既充分契合了各国发展需求，也惠及各国人民群众生活。与此同时，在区域公共产品的生产和供给过程中，区域内国家"搭便车"不可避免，因此必然出现外部性问题，使公共产品供给的整体效果大打折扣。而公共产品如基础设施建设，资金投入较大，回收周期较长，中国没有承担全部成本的义务和责任，只能提供一定程度的公共产品，这就影响了公共产品供给的整体效果。

第二节　阶段特征

一、前期积累准备阶段（1950—1991）

云南与湄公河流域国家不仅地域相通，而且民族同根、文化同源，自古以来，民间往来交流频繁，边贸商旅积极活跃。20 世纪 80 年代，中缅边境贸易首先恢复，边境贸易相关政策进一步放宽，边境贸易范围进一步拓展；90 年代初，云南明确提出"加快同东南亚和南亚国家友好往来及经济合作"的发展目标，地方政府之间、民间贸易、边民互市等不同层次、不同形式、不同渠道的贸易格局初步形成，参与东南亚国家区域合作的重要性进一步凸显。综上所述，云南一直是沟通中国与南亚东南亚国家的桥梁和纽带，有着良好的沟通交流实践历史，为积极参与次区域合作奠定了坚实的基础。

二、构建合作框架阶段（1992—2002）

1990 年，云南省委提出把南亚东南亚作为进行对外开放的新重点。之后，随着昆明被批准为沿海开放城市，河口、畹町县和瑞丽被国务院批准设置为边境对外开放城市，并相继设立国家级边境经济合作区。20 世纪末，云南制定实施大通道战略，开启沿边对外开放的新阶段。2015 年，践行习近平总书记对云南重要战略定位，围绕全面建成我国面向南亚东南亚辐射中心制定出台沿边开放新战略。在中央正式授权云南承担参与 GMS 的主体角色后，云南与中央政府各相关部委对接更加顺畅，参与次区域合作框架更加明确，机制更加完善。①

三、积极参与实践阶段（2003—2014）

进入 21 世纪以来，我国政府多次在重要合作会议上，强调云南在参与大湄公河次区域合作中的主体地位，并进一步阐明云南参与合作的基本思路和战略。② 云南作为 GMS 的主要执行者，在国家授权和鼓励下积极参与合作实践。③ 2004 年，主导建立云南与泰北、老北的工作组以及滇越五省市经济协商会等各类双边或多边合作机制。2009 年，胡锦涛同志指出，"使云南省成为我国向西南开放的重要桥头堡"。2013 年，习近平主席提出，云南积极"主动融入国家'一带一路'战略，务实参与打造中国—东盟自由贸易区升级版，拓展大湄公河次区域经济合作，推动孟、中、印、缅经济走廊建设"。"加快发展开放型经济，打造辐射中心"成为云南省政府对外开放重点工作。可以看出，这一时期，无论从自身发展需要，还是国家战略规划，云南都已经抓住国家加快沿边地区开发开放重要机遇，积极参与到次区域合作的实践

① 郭晓合. 中国—东盟双边贸易、次区域经济合作问题研究 [M]. 北京：中国时代经济出版社，2002：52.

② 陈迪宇. 云南与"大湄公河次区域经济合作机制" [J]. 国际观察，2008，96（6）：16-21.

③ 王敏正. 论大湄公河次区域合作在中国—东盟自由贸易区建设中的重要载体作用 [J]. 云南财贸学院学报，2003（3）：88-93.

行动中。

四、融入澜湄合作阶段（2015 年至今）

2015 年 1 月和 2020 年 1 月，习近平总书记两次考察云南，对云南提出的"一个跨越""三个定位""五个着力"要求，已成为新时代云南发展的行动纲领和根本遵循，云南也迎来了千载难逢的对外开放机遇。从李克强总理提出建立澜湄合作机制的倡议，到澜湄合作机制的正式启动，再到近年来澜湄合作的有效进展，云南一直致力于发挥区位优势，积极助推合作发展。尤其是"一带一路"倡议的提出，不仅使云南迎来新的历史发展机遇，而且对云南今后一段时期的发展走向提供了遵循。① 云南抓住国家"一带一路"倡议等的历史机遇，主动融入和服务澜湄合作建设，目前，云南有国家、省委批准开放的口岸 25 个，国家级边境经济合作区 4 个，省级边境经济合作区 5 个，红河综合保税区、昆明综合保税区和 2 个保税物流中心（B 型）也获批运行，对外合作平台建设稳步推进。承办澜湄合作现代物流产业发展论坛、"2017 年南亚东南亚国家商品展暨投资贸易洽谈会"、澜沧江—湄公河次区域国家博览会、澜湄合作博览会暨澜湄合作滇池论坛等，积极与次区域相关政府探讨贸易便利运输化、区域各国产能合作、区域协调发展以及可持续发展、构建高效便捷的物流体系、深化文化教育卫生、推动互联互通与跨境经济合作等内容。充分发挥澜湄合作主体省份的作用，制订《云南省实施"补短板、增动力"省级重点前期项目行动计划（2019—2023）》，启动实施对外开放建设项目 41 项，完成投资 500 亿元。2020 年，中共中央、国务院发布《关于新时代推进西部大开发形成新格局

---

① 国家发展改革委，外交部，商务部. 推动共建丝绸之路经济带和 21 世纪海上丝绸之路的愿景与行动［J］. 交通财会，2015（04）：84-89.

的指导意见》，提出提高昆明等省会（首府）城市面向毗邻国家的次区域合作支撑能力，云南也加快脚步以中心城市促进城市群以更大力度开放，全面提升与澜沧江—湄公河区域开放合作水平。

通过以上梳理，我们可以看到云南作为次国家行为体，在参与次区域经济合作实践进程中，主动把握历史机遇和发展机会，充分发挥主观能动性，秉持发展为先、平等协商、务实高效、开放包容的合作理念，在澜湄"3+5+X"合作框架下，积极务实推进澜湄合作，不断拓展自己参与澜湄次区域经济合作中的空间，与区域内多个国家建立了多种双边合作机制并务实发展，在合作中赢得了次区域各国和地方政府的认可。

第三节 重点合作区域

澜湄合作的不断深化发展，为云南与老挝、越南、缅甸的边境地区经济发展创造了新的历史机遇。目前，云南已经和越南建立了中越河口—老街跨境合作区，与缅甸建立了中缅瑞丽—木姐跨境经济合作区，与老挝建立了中老磨憨—磨丁跨境经济合作区，以及临沧边境经济合作区。跨境经济合作区之间产业重组、产业融合不断发展，产业的网络化、数字化、智能化不断增强，新型产业体系不断形成。一个全区域覆盖、多主体参与、各层面互动的澜湄合作立体平台已经形成。

一、中越河口—老街跨境经济合作区

2010 年成立的中越河口—老街跨境经济合作区是云南启动时间最早、发展最成熟、设施最完善的跨境经济合作区。其对于两国实现投资合作环境的进一步优化和产业的转移升级具有积极的

影响。目前，中越已经构建起以商贸物流、生物资源加工、机电装配、农产品加工等产业为主导，边境旅游、会展商务等服务产业共同推进的产业格局体系。中越河口—老街跨境经济合作区建设划分为两个工作阶段。第一阶段大力发展进出口加工、现代物流、金融服务、国际会展、餐饮住宿等产业。第二阶段重点发展技术资源合作、能源与矿产资源合作、加工贸易合作、农林产品加工合作；同时，扩展跨境经济合作区的区域，将扩展区打造成出口加工基地，主要包括河口的北山片区和红河工业园区、越南老街口岸经济区等。

二、中缅瑞丽—木姐跨境经济合作区

2007年，"中缅瑞丽—木姐跨境经济合作区"的设想首次被提出；2009年3月，云南省政府正式向国务院上报。2013年，缅方初步同意双方共同建设经济合作区的构想。近年来，经济合作区主动融入和服务"一带一路"倡议，紧扣云南的"三个新定位"，突出产业合作基地、沟通交流平台、交通运输枢纽三大功能，充分发挥"一带一路"重要节点，面向南亚东南亚辐射中心重要口岸，孟、中、印、缅经济走廊建设先行试验区的功能，积极参与和融入澜湄合作。在推进经济社会发展和次区域合作进程中先行先试、主动作为，确保工作基础牢、后劲足，立足实际，放眼未来，有序推进，成效显著。目前，合作区已经建设成为集出口加工装配、进口资源加工、仓储物流、金融服务创新、服务贸易和边境事务合作功能于一体的综合型跨境经济合作区。

三、中老磨憨—磨丁跨境经济合作区

中老磨憨—磨丁跨境经济合作区于2010年9月成立。根据《中国磨憨—老挝磨丁跨境经济合作区框架性协议》，合作区由仓

储物流区、旅游贸易区、替代产业加工区、综合服务区和保税区五个部分组成。合作区的范围分为核心区和支撑区。核心区为磨憨边境经济贸易区和磨丁黄金城经济特区，支撑区分别为西双版纳州和南塔省。磨憨口岸地理区位优势突出，是云南参与澜湄合作的主体通道，是我国通往老挝重要的国家级陆路口岸及通向东南亚最便捷的陆路通道。2013—2017 年，为了支持跨境合作区建设，促进云南沿边开放水平，云南省政府专项支持跨境经济合作区补助。在昆曼公路贯通、中老铁路等交通干线的支持下，中老磨憨—磨丁经济合作区口岸交通区位优势进一步显现，产业基础设施不断提升，通关便利化水平不断提高。中老磨憨—磨丁跨境经济合作区将在中老产能合作中发挥日益重要的作用。

四、临沧边境经济合作区

临沧边境经济合作区于 2013 年 9 月正式设立，旨在充分发挥边境地区参与区域合作的新优势，通过转变发展方式，实现外引内联，使区域功能得到优化、整合和提升，不断提升跨境经贸合作水平，建成集跨境物流、边贸合作、边境旅游等功能于一体的综合功能区。临沧边境经济合作区地理区位优越，发展潜力巨大，有国家一类开放口岸 1 个和国家二类开放口岸 2 个。"一带一路"倡议的推动以及澜湄合作机制的驱动，将更有利于边境经济合作区不断建立健全管理体制，充分利用两种资源、两个市场，精心实施发展合作项目，着力培育特色产业，践行基础先行、开放引领、产业支撑、城市带动"四轮驱动"政策，促进边境合作区实现大开发、大开放。随着边境经济合作区持续推进跨境经济合作，加快对缅开放"五通"步伐，加大口岸基础设施建设，不断推进通关便利化，推动边境跨境运输，加强边民互市贸易管理，推进口岸管理效率提升，加快外向型经济发展，提升边境贸易水平，积极优化营商环境，使中国与缅甸合作的质量和水平实现显著提升。

五、境外合作区

除以上合作区外，还有腾冲边境经济合作区、中印（昆明）软件产业园、滇中新区、综合保税区等。"十四五"时期重点推进的境外经合区还包括：缅甸曼德勒缪达工业园区、缅甸密支那经济开发区、缅甸皎漂工业园区、老挝万象赛色塔综合开发区、柬埔寨西哈努克港经济特区、泰国泰中罗勇工业园区、越南龙江工业园、中越河口—老街跨境经济合作等。这些合作区，将围绕五大产业，打造一批绿色食品、装备制造、钢铁、建材、化工、物流等境外产业基地。

第四节　主要合作领域

一、基础设施互联互通

20 世纪末，交通走廊建设在澜沧江—湄公河流域各国方兴未艾。云南作为我国参与澜湄合作的主体省份，以及"面向南亚东南亚辐射中心"的战略定位，"十三五"期间，综合交通运输体系快速发展并不断完善，互联互通国际大通道初步形成。"七出省五出境"高速公路主骨架网络基本形成，"八出省五出境"铁路主骨架不断延伸，"两出省三出境"水路网持续拓展，"两网络一枢纽"航空网加快建设，基础设施网络初步形成。截至 2020 年年底，公路总里程超过 26.5 万千米，其中高速公路通车里程超过 9000 千米，铁路总里程达到 4233 千米，营运里程达到 1105 千米，内河航道里程突破 5100 千米。

一是公路建设迅速发展。7 条出省高速公路全线实现高速化。5 条出境高速公路境内段基本实现高速化，其中昆河高速、昆磨高速、昆瑞高速均实现全程高速。境外公路基本实现全程高速，昆曼公路通道的运输能力不断提升。清水河至缅甸登尼二级公路建成通车，猴桥至缅甸密支那至曼德勒高速公路和密支那至班哨二级公路示范道路建成通车，陇川章凤至缅甸八莫公路 2021 年建成通车。

二是铁路建设持续推进。8 条出省铁路通道中，连接四川、贵州、广西的 6 条出省通道已经建成通车。5 条出境铁路通道境内段中，中越铁路通道实现境内段全线准轨化且完成提速改造，连接缅甸的大理—瑞丽、连接老挝的玉溪—磨憨 2 条铁路正在加快建设，连接缅甸的第二条中缅铁路通道临沧—清水河、经缅甸连接印度的芒市—猴桥两条铁路正在建设。其中，中老泰铁路境外工程已进入实质建设阶段，老挝境内段已全线开工建设，2021 年年底开通；泰国境内段一期工程（曼谷至阿叻段）已于 2017 年 12 月 21 日开工，工程前期工作正在加快推进；中缅铁路从大瑞铁路的瑞丽出境至曼德勒，再分别至皎漂及仰光的"人字形"构架基本确定，木姐至曼德勒铁路的项目可行性研究报告已完成并递交缅甸相关部门；中越铁路已完成老街到海防标准轨道铁路改造的可行性研究报告。2021 年 4 月，中老铁路已铺轨至云南西双版纳，为年底开通运营奠定了基础。老挝段轨枕已全部制作完成，提前完成了目标任务。泛亚铁路中线、西线建设有序推进，极大改善了次区域铁路运输条件，且广泛采用中国的铁路技术和装备设备，极大推广了我国铁路建设的先进经验和技术设备。

三是水路航运推进力度加大。珠江富宁港一期工程、澜沧江景洪港勐罕作业区建设工程、澜沧江 244 界碑至临沧港四级航道建设工程、金沙江溪洛渡至向家坝高等级航道建设工程、橄榄坝航电枢纽等重大项目加快推进。澜沧江—湄公河航道二期整治工程、右江百色库区（云南境内段）航道建设工程等项目前期工作加快推进。中越红河水运、中缅伊洛瓦底江陆水联运项目有序推进，澜沧江、湄公河国际航运通道实现了集装箱运输"零突破"。

四是航空线路日趋完善。昆明长水国际机场是云南辐射南亚、东南亚的重要国际枢纽。云南合理布局国际航线，重点开辟南亚、东南亚航线，已成为全国开通南亚、东南亚航线最多的省份之一，基本形成国际、国内、省内三级航线网络。目前，云南开通至澜湄国家国际航线40多条，已建成西双版纳、丽江、芒市等15个机场，与次区域国家互联互通的空中交通网络基本构成。昆明长水机场开通连接东盟十国、南亚五国首都及重点旅游城市航班，南亚东南亚通航点达45个，位列全国第一。云南旅客吞吐量100万人次以上规模的机场达7个（昆明、丽江、西双版纳、芒市、大理、腾冲、保山），成为全国百万级机场最多的省份之一。

二、产能合作成效显著

区域性国际能源保障网建设扎实推进。水电等清洁能源基地建设、西电东送基地建设、天然气管网及场站建设均有序推进，骨干电网实现互联互通，中缅原油管道建成投产。

一是"西电东送""云电外送"战略成效显著。云南电网与越南、老挝、缅甸国家电网基本实现互联互通，已建成"三横两纵一中心"的500千伏主网架，是"西电东送"战略重要能源基地和"一带一路"面向南亚东南亚的重要电力枢纽，是世界上技术最先进、特性最复杂、电力最绿色的交直流并联异步运行省级送端大电网。2001年，云南对老挝北部进行供电，对老挝的电量输送达到 4 亿千瓦时；2004 年，云南开始对越南北部供电，截至 2019 年 10 月，对越南输送电量 17.73 亿千瓦时；2008 年，开始对缅甸送电，截至 2018 年，对缅甸输送电量 1.26 亿千瓦时。作为我国连接大湄公河次区域的"云电外送"的经济通道，电力成为云南出口贸易中的第三大类出口商品。随着与周边国家的高等级电力联网工程加快推进，中越、中缅 500 千伏联网项目完成预可行性研究，中老、中缅孟 500 千伏联网项目启动可行性研究。加强与相关国家在区域电网建设和升级改造方面的合作，推进老挝 500 千伏骨干电网、老挝万象城市电网、缅甸仰光城市电网等合作项目。"十三五"期间，南方电网云南国际公司与越南、缅甸、老挝电网互联。截至 2020 年 10 月底，累计与周边国家实现国际贸易电量交易 613.61 亿千瓦时。

二是油气进口通道的布局基本成形。随着中缅油气管道全面建成并投入使用，云南成为我国继海洋、东北、西北之后的第四大能源进口通道，为我国油气进口多元化格局提供了新路径，缅甸油气进出口新通道的开辟，有效缓解了当地能源不足的困境。中缅油气管道分别起始于缅甸马德岛与皎漂，经若开邦、曼德勒省和掸邦，从瑞丽进入中国，是中国在缅甸投资最大的国际化大型能源合作项目，也是缅甸境内重要的能源动脉和能源基础设施。中缅油气管道已经成为"一带一路"大型能源合作的标志性项目和中缅经济走廊的招牌工程。截至 2021 年 6 月，中缅天然气管道已累计向中国输送天然气 265.58 亿立方米，为缅甸下载天然气 46.76 亿立方米；中缅原油管道已安全平稳运行超过 1300 天，马德岛港累计接卸原油 3136.2 万吨，向中国输油超过 3000 万吨。

三是完善信息国际大通道，促进沿边地区跨境电商发展。提升通信基础设施建设水平，大力推进实现省内 5G 网络全覆盖，扩容互联网出口带宽，提高信息保障能力，聚焦南亚、东南亚区域，致力于把昆明建设成为我国区域性国际通信业务枢纽和汇聚出口。全面加强与次区域国家跨境光缆等国际通信干线网络建设，持续扩容中缅、中老跨境光缆，加快建设中越河口—老街跨境国际通信光缆及传输系统，参与和协助周边国家5G基础设施建设，与次区域国家通信更加便利快捷，国际通信互联互通水平得到提升，经济合作效率得到较大提高。云南面向南亚东南亚国际信息枢纽辐射中心的地位和作用在不断强化。有效利用国家跨境电商支持政策，2019年，云南省政府发布《云南省人民政府关于进一步加快跨境电子商务发展的指导意见》，对跨境电子商务的政策支持和组织实施进一步明确。2019年9月5日，瑞丽市跨境电商监管场站成功试运行，姐告第三国商品进销存管理、跨境电商综合服务平台建设有序推进；12日与20日，举办了中缅跨境电商论坛及自贸区赋能电商发展研讨会。

三、贸易畅通方兴未艾

2020年，云南与越南、老挝、缅甸、泰国、柬埔寨的进出口商品国别（地区）总值超160.38亿美元。其中，缅甸81.29亿美元，越南50.91亿美元，泰国16.16亿美元，老挝11.27亿美元，柬埔寨0.7328亿美元。① 与此同时，中国（云南）自由贸易试验区于2019年8月正式挂牌成立，将进一步使得云南与澜湄其他国家的贸易投资更加便利、交通物流更加发达、金融服务更加完善、监管安全更加高效。此外，不断涌现的新业态、新模式、新产业为澜湄各国贸易畅通提供了动力。中老、中缅、中越跨境经济合作区建设稳步推进。老挝万象赛色塔园区已建成并通过了商务部境外园区考核，缅甸曼德勒缪达保山工业园区、密支那工业

---

① 统计数据 http：//kunming. customs. gov. cn/kunming _ customs/611352/2879837/2879850/index. html。

园区等境外园区建设进展顺利。

从贸易总体规模来看，云南与泰国、越南、缅甸双边贸易发展迅速，尤其是与缅甸的双边贸易额占云南在全球贸易额的比例越来越高。云南与老挝、柬埔寨的双边贸易规模较小，占云南贸易总额的比例也较小。2020 年，中越边境段最大的口岸—河口口岸上半年对外贸易实现外贸进出口总值 99.8 亿元，同比增长 4.8%，其中，进口 27.3 亿元，出口 72.5 亿元。2008 年至今，云南对缅甸的贸易一直保持逆差，在中缅油气管道开通后逆差持续加大，2017 年逆差为 9.66 亿美元。云南与老挝的双边贸易额占云南贸易总额的比例从未超过 5%，2012 年之后上升趋势比较明显。云南与柬埔寨双边贸易较少，一直处于顺差，而且差额十分大，双边贸易总额主要依靠云南向柬埔寨出口，进口额几乎不占比。

从贸易商品结构来看，云南出口泰国的比重较大的商品分别为农副产品类、化工类、交通运输类、有色金属类和通用设备类；从泰国进口的商品主要是水果、橡胶及其制品等，还有少部分的水产品、燃料。云南向越南出口的商品主要是计算机配件、通信等电子设备，蔬菜水果、燃料、化肥等产品；从越南进口的商品主要是农产品和资源类产品，这两类产品占比 90% 以上，且近几年矿产品、半导体、晶体进口数量明显增加。云南向老挝出口的产品主要是牲畜、蔬菜、黑色金属冶炼、通用设备制造业、通信制造业、烟草、化肥和燃料，从老挝进口的商品主要是橡胶、木材、铜矿、果仁等初级产品。云南出口柬埔寨的商品包括烟草、纺织、医药以及通用设备制造等行业的产品，从柬埔寨进口的商品只有铜矿、木材、橡胶等初级产品几大类。云南出口缅甸的商品比较集中，主要有珍珠宝石、电子产品及零配件、汽车配件、化学纤维制品和钢铁等；从缅甸进口主要有橡胶、木材、水果、大米等农产品。

表 4.1　2018 年云南与主要国家贸易情况对比　　单位：亿美元

国家	进出口总额	主要进口商品	主要出口商品
泰国	10.33	机电产品、矿产品、贱金属及制品、化工产品	机电产品、运输设备和塑料橡胶、食品饮料
越南	41.54	电脑、电子产品及零件、机械设备、电话及其配件、布匹、钢材产品、塑料原料、油品、其他非重金属、纺织鞋类原辅料、塑料制品	电话机零配件、纺织品、电脑电子产品及零配件、机械设备、木制品、水产品等
缅甸	49.73	冷冻肉制品、蔬菜	农产品、水产品、肉制品和乳制品、矿产和工业原料
老挝	10.61	汽车及配件、油料、电器、钢材和机械	电力、矿石（铜、合金等）、来料加工产品（纺织品、电器等）及香蕉、木薯、咖啡和橡胶
柬埔寨	0.42	鲜肉、牛奶和牛奶加工品、新鲜蔬菜、新鲜水果、化学物质、药物、肥料、成衣用具、制鞋原料、建材和汽车	木薯、腰果、大米、未加工棕榈油、可可粉、加工木料、布料、服装、鞋子和纺织品

　　从双边投资合作现状来看，据统计，2005 年至 2018 年 8 月底，云南向泰国累计投资额为 2.44 亿美元，涉及农业、科技人文交流、服务业等行业。其中，投资额最大的是人文交流合作、餐饮住宿等服务产业，占投资总额的 31.89%；其次是基础设施行业，占投资总额的 29.58%；其他行业占投资额的 38.26%。云南向越南累计投资额共计 2.1 亿美元，投资项目涉及农业合作、电力能源、商务服务业等近十项行业。其中，有色金属采矿业占投

资额的 78.67%。云南在柬埔寨的累计投资额为 8.15 亿美元，投资集中在农业合作、电力能源、水泥、基础设施、交通运输等行业。云南在柬埔寨电力能源投资占总投资额的 48.3%，批发零售等服务行业投资占投资额的 23.5%，农业投资占 1.3% 左右，其他项目投资较少。云南在缅甸投资行业较少，主要集中在电力能源、农业合作等基础行业，云南在缅甸的累计投资额为 9.63 亿美元，其中，电力能源投资占总投资额的 60.72%；矿业投资 2.96 亿万美元，占投资额 15.04%；农业合作投资占投资总额的 13.2%；建材、批发零售制造、仓储租赁、服务业等投资较少，合计占总投资额的 11.04%。云南向老挝的累计投资额共计 2.7 亿美元，几乎涉及所有行业。其中，投资最大的三类是批发零售、租赁和商务服务业、农业合作以及房地产和建筑行业，分别占累计投资额的 29.3%、26.3% 和 17.7%。

从开发开放平台和载体来看，以瑞丽、勐腊（磨憨）2 个国家级重点开发开放试验区为核心，以中越、中老、中缅 3 个跨境经济合作区为重点，以昆明、红河 2 个综合保税区和瑞丽、河口、临沧等 9 个边境经济合作区为支撑，以老挝赛色塔、老挝磨丁 2 个境外经贸合作区为拓展，以昆明机场等 25 个一、二类口岸为窗口的全方位、立体化七大类开放平台体系。瑞丽重点开发开放试验区、红河综合保税区成为项目承接高地；老挝万象赛色塔、缅甸皎漂、缅甸密支那三个境外经贸合作区建设稳步推进，其中，赛色塔入驻企业达 74 家；中国保山—缅甸曼德勒缪达经济贸易合作区有 9 家企业签订入园协议，多家达成投资意向。云南率先在全国推行"三证合一"模式，促进通关便利化；在中老磨憨—磨丁经济合作区建立"分线管理、分类监管和区域管控+国内外合作"相结合的检验检疫监管模式；在海关特殊监管区推行"先进区后报关""保税展示交易"等海关创新制度；在瑞丽、景洪、勐腊获批跨境动物疫病区域化管理试点；在中越河口—老街农产品实行"绿色通道、农产品专用窗口"等快速通关模式。

四、资金融通格局初现

云南不断加大对澜湄次区域各国的金融支持力度，稳步推进沿边金融综合改革试验区建设，形成以云南为枢纽、辐射南亚和东南亚的人民币跨境结算网络，已经构建了较为完备的金融网络。出入境车险产品体系等创新产品不断推出。截至目前，云南边境口岸银行覆盖率进一步提高，跨境人民币业务合作有序开展，截至 2019 年年底，已与海外 95 个国家或地区实现跨境结算，累计 5222.86 亿元。跨境人民币业务已从边境贸易拓展到全部经常项目和资本项目投融资领域，结算主体从企业延伸至个人，市场认可度和接受度显著提高，跨境人民币业务已覆盖云南 16 个州和 21 个外国港口，参与企业超过 3400 家，极大地促进了云南贸易和投资结算。人民币在云南涉外经济中的地位不断提升，2019 年，人民币在云南本外币跨境收支中占比为 32.45%，继续保持云南第二大跨境结算货币以及对东盟第一大跨境结算货币地位，构建了以银行间市场区域交易为支撑、以银行柜台交易为基础、以特许兑换为补充的区域性货币交易"云南模式"，银行柜台挂牌币种涵盖周边国家货币。截至 2019 年年底，云南银行累计办理泰铢、越南盾、老挝基普等柜台兑换交易 19.78 亿元人民币，成功发布人民币兑缅币"瑞丽指数"和人民币兑越南盾"YD 指数"。各国控股的银行在次区域各国的品牌知名度和实际影响力较高。澜湄贸易与投资结算资金便利化水平显著提高。

五、民心相通深入人心

云南主动建立和参与多层次科教文卫合作机制，教育、文化、卫生等领域合作持续深化，民心相通模式不断创新并蓬勃发展，民心民意基础进一步筑牢。

其一，推动教育国际化并积极开展国际化职业教育。截至2019年年末，云南36所高校开设南亚东南亚语种专业点69个、小语种人才培养基地4个、示范点10个，学习人数达10万人以上；在南亚、东南亚国家设有境外办学机构12个、境外办学项目3个；面向南亚、东南亚国家开展职业教育，2017年1月，经外交部批准，云南民族大学澜沧江—湄公河国际职业学院和澜沧江—湄公河职业教育基地正式成立，并与滇西科技师范学院等云南14家高校联合成立"澜沧江—湄公河职业教育联盟"。截至2019年年末，联盟成员单位达38家，职教基地覆盖云南8个口岸，累计培训4万余名外籍务工人员。2020年6月，云南民族大学与云南农垦集团签署合作框架协议，将在老挝万象共建澜湄职业教育基地，推进职业教育"走出去"。

其二，不断丰富文化、卫生、人文交流活动。云南与文化和旅游部合作共建金边、仰光2个中国文化中心，云南人民出版社与缅甸金凤凰中文报社合作的《汉缅大词典》入选"丝路书香"工程，云南广播电视台国际频道为突出民族文化特点，因地制宜开发适销对路的中华优秀新闻出版广播影视节目，成功推出了一大批译配节目。打造"光明行""爱心行"等援外医疗服务品牌。2018年以来，云南省阜外心血管病医院"爱心行"医疗队共为柬埔寨、缅甸42名儿童实施先天性心脏病治疗手术，受到了受援国政府及当地民众的高度认可。截至2019年年初，累计派出14批眼科医疗队对缅甸、老挝和苏丹3059名患者实施免费的白内障手术。在生物医药、装备制造、电子信息、新材料、化工、特色农业等领域，加强与南亚东南亚各国的合作交流，成功搭建起开展科技合作交流的平台体系，推动金砖国家国际技术转移中心落户昆明，昆明—万象科技创新中心在云南师范大学揭牌。积极推进"绿色丝绸之路"建设，参与生物多样性保护廊道建设示范的次区域环境合作交流，进一步深化与周边国家生态环境保护的国际合作。此外，还积极推动边境旅游试验区和跨境旅游合作区建设。

其三，不断创新对外援助模式。以缅甸为例，自 2014 年起，云南省级财政每年安排对缅援助专项资金人民币 1000 万元。2018 年，中缅签署了中国援助缅甸减贫示范合作项目实施协议，云南国际扶贫与发展中心总体参与，在缅甸推广中国"精准扶贫"经验，有效改善缅甸农村安全饮用水等基础设施条件。云南相关单位承担一系列援外项目，2017 年，云南建投集团承建的中国政府援越"越中友谊宫项目"落成移交。此外，云南先后组织实施"光明行""爱心行""一寺庙一电视""国门书香""绿色能源滇亮工程"等援外精品项目，参与多个农业合作示范项目的建设。2020 年，新冠疫情暴发后，云南向流域各国捐赠了多批抗疫和医疗物资，并先后多次派出医疗专家组赴各国支持抗疫、帮助建设核酸检测实验室，深刻体现了国际情谊。

第五节　问题与瓶颈

近年来，云南参与澜湄合作成效明显，但是次区域各国政治体制及经济发展水平不一，文化传统和宗教信仰各异，现实国情与历史问题交织，在重大战略问题和决策机制程序方面态度差异较大，政策规划机制对接不畅，增加了沟通协调难度，影响了合作决策效率。

从国内产业分工格局来看，云南仍处于资源供给状态，资源优势还未转化为经济优势，产业结构需要进一步优化和调整，现代产业发展水平依然需要进一步提升。从自然地理环境来看，受自然条件、发展基础和周边环境的影响，交通等基础设施建设相对落后，发展力度和资金投入相对不足，人口和经济聚集度较低。从对外经济合作来看，对外经贸总体规模偏小，经贸合作水平不高，贸易投资便利化水平亟待提升。各类口岸、边（跨）境经济合作区、重点开发开放实验区等开发开放载体的功能尚不完善，发展定位不清晰，协同能力较低。

一、支持沿边地区开放的机制与功能不完善

首先，政策服务体系不够完善，外向型产业发展环境有待优化提升。平台载体建设、产业顶层设计、运营模式创新均需要大力改进。云南与缅甸、老挝、越南边境贸易历史悠久，带动性强，澜湄周边地区各类商协会非常盼望能够拓展云南市场，注入贸易发展新动能。但在府际关系层面，云南沿边对外开放的载体和机制不完善，协同能力需要进一步提升。据缅北、老北的各类工商行业协会反映，产业层面的对接机制严重缺乏，很多制约贸易与投资发展的关键问题得不到解决，周边国家对云南产业发展的新情况也缺乏了解渠道，导致产业对接长期受阻。

其次，公共服务政策有一定欠缺，国际化人才培育计划与现实情况不相匹配。打击跨境犯罪、社会治理的难度较大且任务艰巨。传染病联防联控工作机制亟须加强。支撑企业"走出去"的法律服务保障不够。南亚、东南亚国家法律体系不健全，云南企业在经营、投资等方面的法律服务缺失。

再次，人文交流有待加强，云南至今没有制定专门针对提升文化对外传播能力方面的政策法规，使得一些人文交流项目推进迟缓，落地效果不佳。对外传播能力仍然面临语言劣势、文化基

础设施薄弱、传播方式落后、对外传输体系和渠道不健全不畅通、边境前沿阵地建设滞后、反文化渗透能力不强等方面的问题。

最后，投融资方面，绿色债券、绿色技术等绿色金融发展滞后。绿色资金融通机制尚未形成。周边国家重要城市的金融机构还未实现全覆盖。

二、边境贸易互补性不高

一是云南整体经济实力依然比较薄弱。"十三五"期间，经济年增速均高于全国平均增速 2 个百分点以上，但是人均生产总值约为全国平均水平的 67%，财政自给率约为 40%，财政实力相对不足。边（跨）境经济合作区所在地方政府普遍经济欠发达，财政支持有限，园区内的产业发展支撑条件不足，产业聚集效应不强，尚未真正形成带动区域经济发展的产业集群。口岸建设规划方面还存在"重开放、轻规划、轻管理"和"重项目、轻政策"的倾向，影响沟通效率。口岸间发展不平衡，部分口岸资源无法满足通关实际需求，部分口岸资源过剩，利用率较低。口岸间相互竞争激烈，影响沿边地区跨境物流的长期发展。

二是边境贸易规模较小、贸易结构不均衡，贸易波动幅度较大。虽然云南与五国有多个品种进出口且规模显著扩大，但是云南外贸发展仍然依靠数量驱动，产品附加值较低，贸易方式多元化发展效果不佳，贸易利益不均衡。近十年来，云南与五国的贸易波动较大，贸易额十分不稳定，最高增长率达到过 186.1%，最低出现过负增长（22%），波动较大与进出口商品结构层次较低、商品多为初级产品、受国际市场波动影响有关。

三是边境贸易层次不高，贸易投资便利化水平亟待提升。在政策扶持方面，边境贸易优惠政策不断变化，边贸企业的经济实力和市场竞争力微弱，影响了云南边境贸易产业合作水平，特别是资源性商品进口，因此，周边国家加快了对资源型商品的保护。沿边地区开发开放的载体和平台机制功能较弱，部分口岸、边（跨）境经济合作区、重点开发开放实验区等开发开放载体的功能尚不完善，发展定位不清晰，协同能力较低。部分境外园区建设存在一定难度。

此外，在基础设施建设方面，大部分口岸，尤其是一些二类口岸基础设施仍然很落后，影响并制约着云南整体口岸功能的发挥。边（跨）境经济合作区所在地方政府普遍经济欠发达，财政支持有限，园区内的产业发展支撑条件不足，产业聚集效应不强，尚未真正形成带动区域经济发展的产业集群。目前，在促进要素流通便利化方面，云南与缅、老、越边境贸易实行"串联式"通关模式，口岸管理模式的不完善，制约了边境贸易的发展。如中缅瑞丽—木姐和中越河口—老街2个跨境经济合作区受运营模式所限，资源整合能力、影响力、融资能力仍有局限；中老磨憨—磨丁经济合作区建设的主体、模式和运营模式还未明确；中老磨憨—磨丁经济合作区相关工作实际由勐腊县承担，与国家有关部委、省级有关部门的沟通协调受限。

三、交通瓶颈

国际通道"通而不畅"。云南与沿边国家口岸开放程度和口岸级别不对等，如中缅8对口岸中，仅有瑞丽—木姐、畹町—九谷和打洛—勐拉3对为一类口岸，临沧南伞口岸是二类口岸，缅甸果敢口岸是一类口岸；文山田蓬是国家一级口岸，但越南口岸基础设施建设严重滞后等。中泰直达交通运输未达成互认协议，昆曼公路跨境直达运输谈判搁置，昆曼国际大通道"通而不畅"问题依然突出。中、老、泰三国在"一站式"检查、提前交换信息、减少跨境运输程序和手续、统一单证等关键性问题上仍存在实施难度大的问题。沿边铁路和高等级公路网尚未建成，部分边境口岸连接公路等级低、路况差、畅通能力有限，对边境旅游、跨境贸易仍有较大制约。

交通基础设施短板明显。云南由于自然环境、地理区位、基础设施建设落后等因素的影响，在道路交通建设方面，相较周边其他省份明显滞后，人均铁路里程综合排名倒数。部分州、市还没有高速公路连接。较落后的内外交通基础设施，已成为云南提升开发开放水平的最大瓶颈。再加上缅甸、老挝、越南等周边国家基础设施建设投入严重不足，在一定程度上制约着与云南的互联互通建设。次区域内国家均为发展中国家，有狭长谷底、有崇山峻岭、有峡谷绝壁，大片地区存在交通死角，地形情况极其复杂、国际关系较为敏感，社会发展普遍落后，导致区域内各国之间基础设施建设施工难度较大。相较于中国，次区域各国基础设施建设投入严重不足，没有技术能力和足够的资金修建本国的公路和铁路，严重制约了与云南的互联互通建设。特别是，相连通的老挝和缅甸，对陆地交通运输便利化重视不足，道路交通发展水平严重滞后，境内许多道路建设标准低于普通基准，运输成本较高，货物运输能力有限，"边梗阻""断头路"问题较多，制约着云南外向型经济高质量快速发展。截至2019年年底，云南高速公路网密度为1.52千米/百平方千米，全国排第24位，为东部地区平均水平的35%左右，与高水平的"外联、内畅、互通"目标还有较大差距，与面向南亚东南亚辐射中心建设和经济社会高质量跨越式发展的要求还不匹配。

四、产能合作示范效应不显著

（一）从云南沿边开发开放的产能合作现状来分析，对于能源安全问题还需要加强重视。中缅油气管道安全营运仍然存在风险，中东地区和非洲油源供应减少或中断可能导致中缅石油管道油源不足；缅甸天然气开发不足和产量限制可能导致气源不足；缅甸国内政局发展包括"民地武"问题不能有效解决可能对管道的安全运营产生负面影响。虽然当下南亚、东南亚的区域性电力交换枢纽可有效解决云南电力资源富余与周边国家电力资源紧缺的矛盾，但随着各国水电、热电项目的投产，区域性电力交换枢纽的定位和作用还需要重新布局思考。

（二）产能合作是澜湄合作的战略性内容之一，对于其他领域的合作有着示范和拉动效应。产能合作示范效应需要进一步挖掘。次区域各国能源合作主要是电力和油气合作。次区域各国水电资源丰富，开发潜力巨大，但多数国家经济实力和科技水平无法支撑资源开发利用的需求。因此，与中国开展水电能源合作，借助资金和技术支持，是实现次区域各国资源优化配置、缓解电力供求失衡的有力途径。中国在水电能源合作开发的过程中，提供了大量的资金和技术支持，在次区域国家开展电力基础设施投资和建设，为各国家和地区提供了巨大的电力支持，促进了次区域各国能源合作进程。而云南作为水电资源丰富的省份，在参与国际产能合作中，存在诸多问题和不足，如与境外合作的电力项目推进缓慢、电力工程建设滞后、电力市场供求不平衡、政策机制不匹配等。云南电力产能的转移还有很大的提升空间，对其他产业合作的示范作用和拉动效应不明显。

五、非公共安全隐患较大

近年来，云南周边安全形势受国际安全形势影响，面临着诸多不确定性。缅甸全国民主联盟通过选举上台执政后，缅甸国内出现了三股政治军事势力：政府军、民选政府、少数民族地方武装。缅甸各武装势力之间的冲突，严重影响边境民众的生命和财产安全，而且严重制约孟、中、印、缅经济走廊建设和中缅通道建设以及各国与缅甸贸易发展。西南边境的安全与稳定以及边境贸易水平受到长期内战冲突的影响，给各国带来了一定的经济损失和巨大的负面影响。缅甸未来的稳定仍难以预测。资源与内战之间的关系是沿边开发和府际合作的主要问题，而在不同的资源与内战间的关系中，毒品冲突之间的关系十分突出。作为多种合作机制与治理的重要节点国家，缅甸的稳定与发展对于中国推进建设面向南亚东南亚辐射中心的战略尤为重要。缅甸内战直接影响中国西南地区地缘安全。中国正面临着以缅甸为核心的"金三角"毒品走私泛滥而形成的恶劣的地缘政治环境，从境外毒品来源方向来看，"金三角"地区已成为我国合成毒品的主要来源地。对缅甸而言，长期内战造成缅甸经济的极大衰退和催生了畸形的毒品经济，使其成为全球最不发达国家之一和全球第二大鸦片生产国；而毒品经济在一定程度上增强了缅甸少数民族地方武装势力，强化了缅甸的主权破碎，弱化了缅甸联邦政府的国家治理能力。

第五章

基于 APT-R 因子的府际合作机制研究

在不同资源禀赋的国家组成的次区域系统中，互补性是府际多方合作的基础，持续加强基础设施建设，提升各区域互联互通水平，使多个市场统一形成一个有机整体，次区域国家和地区既可以形成资源与产业的优势互补，又可以形成资源与区位的优势互补，从而形成次区域联盟或区域一体化有机体。目前，澜沧江—湄公河流域各国在次区域层面上的互利互惠、共谋发展的合作，依然面临着重重困难，高效合作机制的构建是现阶段急需解决的难题。湄公河沿岸的经济体与我国贸易往来密切，存在稳定的供需关系。虽然我国与老挝、缅甸、泰国、柬埔寨和越南近几年的贸易水平上下波动幅度较小，利益的增长未达到各市场主体的预期，但是我国和湄公河沿线经济体对各领域间合作的迫切需求不断扩大，特别是在政治、经济、社会方面的合作，推动地域分工，让合作中的各经济主体获得的利益明显提升。要使经济社会发展要素的合作成为现实，在府际治理中必须强调建立一个多主体共同参与、多中心合作驱动、多领域供需合作的长效机制，实现发挥比较优势，缩小发展差距，管控利益分歧，实现利益主张，形成合作共赢格局。本章基于 APT-R 因子模型和演化博弈分析，在构建次区域主体利益决策模型的基础上，旨在通过合作引力、发展压力、战略推力和博弈阻力四个机制分析，阐述府际合作机制，设置不同情境下的合作博弈推演，揭示云南参与澜湄合作机制的功能与作用。

第一节 次区域主体利益分析

20 世纪 70 年代至 80 年代，次区域国家为了改变贫穷落后的境地，先后提出对外开放的战略举措，通过比较优势参与国际产业链协作，逐步构建起外向型经济。这一时期，对外贸易在国民生产总值中占有很高的比重，经济增长主要依靠对外贸易，出口产品为生产过程中的初级产品，获得收益相对较少，不能享受生产过程中后期的附加价值。金融危机爆发后，次区域国家意识到在国际市场中，对外贸易比重过高存在的风险问题，因此要将经济发展的重心转移到次区域国家的市场，使经济增长因素内生化，提高区域经济体的各产业建设，提高人们收入和消费能力，提高区域内产品竞争力，达到供销平衡。建立有效的磋商机制是构建次区域合作机制的重要前提条件。从长期来看，一种稳定的府际合作机制将促进参与主体利益诉求的实现，并使参与主体分得大致公平的收益。因此，澜沧江—湄公河次区域内部各经济主体间要加强政治互信、加强沟通交流、加强互利互惠合作，通过平等的交流和磋商促进相关协议的确定与完善，可以实现更合理的利益分配，并有效地约束次区域内各经济体，最终实现共同进步、共同发展的目标，形成共赢的局势。

一、泰国利益诉求

20 世纪八九十年代，泰国经济持续繁荣，是次区域合作中经济发展相对较快的国家，是次区域国家率先发展的典型，一度跃入中高收入国家行列。GMS 运行以来，泰国积极参与，取得了一定成就，但是自 2005 年以来，泰国政治风波不断，社会运动频发，再加上受亚洲金融危机深度影响，导致国家经济发展增速一度波动和放缓，国家竞争力衰退、工业发展停滞，老龄化严重，劳动力严重匮乏；随着资源开发力度不断加大，现存资源禀赋透支开发，致使该国面临过度消耗自然资源的粗放式发展，可持续发展陷入困境。为缓解这一迫切等待解决的问题，泰国政府制定并实施"泰国4.0"中长期发展规划。[①] 在规划中，一是计划提高商品比较优势、提升市场接纳能力和增强环境保护及治理能力，发展方向从基础产业向科技产业转移，从劳动密集型产业向资本密集型产业转移，提高教育水平，为泰国储备更多的人力资本。目前的经济发展耗费了大量的自然资源，从持续发展的角度来看，自然资源越发稀缺，因此加强教育储备人力资本，为产业结构调整提供坚实的基础。二是努力向绿色增长转型。从经济可持续发展的角度对资源进行合理分配，满足现阶段经济发展需求的同时不损耗未来的发展。三是提升产品的比较优势和在国际市场的竞争力。调整产业结构，加强高新科技产业的建立，形成一定的产业规模，增加该产业在泰国国内及国际市场的竞争力。四是加速社会建设和经济平衡发展，改善泰国国内社会和经济环境，对社会中存在的不平等和经济发展不均衡的现象进行分析，并推进相关政策的有效执行，推动泰国实施国家发展战略，促进社会和经济的和谐发展。五是推动澜沧江—湄公河次区域合作。将东部作为重要开发地区，构建经济特区，建立经济走廊。但是，泰国国内政局不稳，严重影响了次区域合作，特别是对华合作问题上"为反对而反对"，导致中泰高铁等重点合作项目进度缓慢。此外，泰国国内存在自产自销的传统思想，普密蓬·阿杜德国王执政时，在对经济和社会相关问题应对上，遵循适度原则

---

① 孙超. "泰国4.0"与"一带一路"融合发展：访泰国驻华大使毕力亚·针蓬 [J]. 中国发展观察，2019，207：48-53.

和谨慎的态度，注重环境保护和经济可持续发展，在此基础上提高核心竞争力、提高人们收入水平，这在一定程度上影响了泰国参与次区域合作的积极性和主动性。

二、缅甸利益诉求

民族矛盾、政治矛盾及武装冲突是长期影响缅甸和平发展进程的三大因素。吴温政府上台后，为了避免外部势力与内部民族实力勾结，奉行"缅甸式社会主义道路"，拒绝对外合作，导致缅甸错失国际产能转移，经济发展滞后。民盟成为缅甸的掌权者后，致力于民族和平共处，注重经济发展并制定相关政策，对于次区域合作发展诉求呈现以下特征：一是制定经济发展战略，即"缅甸可持续发展计划（2018—2030）"，涵盖和平与稳定、繁荣与合作、人与自然三大领域，特别强调在民族问题和治安问题、经济稳定持续发展和环境生态保护上发力，以期通过宏观政策调控，构建良好的营商环境和稳定的社会环境，为私营企业提供发展基础，提高其在经济增长中所占比重，并提供更多的就业岗位。[1] 在昂山素季的努力下，与美国的关系得到改善，相关制裁完全解除，缅甸可以在贸易方面再次享受普惠待遇，日本、韩国增加援助贷款与产能转移，拓展了缅甸的国际空间。二是转向强化与东盟、澜湄次区域和中国的合作。2017 年，"若开危机"爆发后，欧美国家开始转变策略，打着人权和民主宪政的名义，不断向缅甸政府施压，导致缅甸政府外交策略受到影响。因此，缅甸转向加强周边环境安全，实现睦邻友好，致力于做共建"一带一路"的坚定支持者和推动者，推进互联互通骨架项目建设，打造"人字形"大合作格局。

---

① 左常升. 世界各国减贫概要：第 1 辑 [M] . 北京：社会科学文献出版社，2013：42.

三、越南利益诉求

越南参与湄公河流域的经济合作较早。20 世纪 80 年代，越南共产党致力于革新和开放，推行了全方位的对外开放政策，贯彻"多交友，少树敌"的方针，旨在通过国际合作获取越南自身的经济利益，提高越南在国际上的政治地位。90 年代初期，由于历史原因，越南一度对次区域的经济合作持谨慎的态度。1997 年，亚洲金融危机爆发以后，在泰国经济受到重创、专注于国内事务时，越南政府在次区域合作中显示出积极的态度，在"东西经济走廊""两廊一圈"建设中发挥了独特的主导作用。越南参与次区域合作的利益诉求特征如下。

一是通过自由贸易协定，吸引外国投资，截至 2019 年，越南积极参与北美自由贸易区、跨太平洋伙伴关系协定和全球多个经济大国达成了 16 项自由贸易协定，这些贸易协定的实施和进行，相互联系构成了一个开放的市场整体，支撑越南对外出口经济。

二是以亚洲最具有影响力的新兴经济体为目标，继续扩大开放，承接产业转移，促进产业升级，将越南本土企业深度融入全球供应链体系。

三是始终追求建设区域性强国，区域性霸权主义与周边邻国战略竞争区域重合的矛盾较为突出。从历史上看，越南对邻国都实施过领土扩张政策。比如，对老挝、柬埔寨等进行侵略；对领海接触的马来西亚、印度尼西亚、中国等实施领海争霸，致使领海摩擦不断，对其融入东盟及澜湄合作产生不利影响。阮富仲当选总书记后，对其南海政策进行了一系列重大的战略性调整。维护中越关系稳定，是越南高层当前的主流意见，希望与中国维持一种斗而不破的关系，在中越关系不破局的前提下，尽力推进越南利益的最大化。越南在南海问题上的战略选择是：利用中美贸易战和美国印太战略的博弈期，趁着中国完全崛起、南海地缘格局根本改变之前，争取南海博弈的有利位置，希望在独立 100 周年之际，完全成为海洋强国，实现以海致富、以海强国。

四、柬埔寨利益诉求

2016 年，柬埔寨脱离低收入国家的行列，步入中等偏下收入国家的行列。柬埔寨一直致力于维持国家政局的安稳和平衡，从而为市场的自由开放奠定了基础。柬埔寨参与次区域合作利益特征有以下几点。一是扩大开放引进投资。2004 年，此时执政该国的王国政府认为谋求发展要先对行政管理进行优化，提出促进农业产业持续高效发展、配套基础建设有序进行、引进资本进入市场和进行人才培养及进行人才储备的"四角战略"①。二是向中高收入国家迈进，分别于 2030 年和 21 世纪中叶实现。社会稳定是重要前提，和平环境和有序的社会秩序，有利于扩大市场经济建设，提高该国国民收入水平，减少低收入人群，提高该国产品在国际市场上的竞争力，不断提升国家实力，逐步进入中等偏高收入国家和高收入国家的队伍。三是产业链与全球接轨，加入全球产业链。柬埔寨不断调节产业结构，向以技术密集型和资本密集型为主的结构转型，经济维持中高速水平稳速增长。通过有效地利用东盟区域市场，进行多边合作，参与到东盟整体的经济发展中，尽快完成产业结构调整。四是加快基础设施建设。致力于修建配套交通设施、电力能源开发建设、完善农村区域配套设施，提高农业生产力，促进农产品多样化，修复农村公路网等，持续推进本国基础设施建设不断完善、水平不断提高。五是推动"四角战略"与"一带一路"合作融合发展。引导旅游行业"为中国准备"。推进西港中国—柬埔寨经济特区建设，广泛开展港

---

① 朱津辉. 柬埔寨"四角战略"研究［D］. 厦门：厦门大学，2018：23-28.

口、产业园区、高速公路等领域合作。在 2020 年年初，两国开始进行磋商，经过 7 个月的不断沟通，进行了 3 轮的协商，最终在当年 10 月签订了自由贸易协定，这标志着两国确立互惠互利、共同发展的伙伴关系，通过多方面领域的合作，形成中柬命运共同体，步入"一带一路"协同发展、合作共赢的道路。

五、老挝利益诉求

老挝是世界最不发达国家之一，产业结构以第一产业为首，第二产业和第三产业占比较低且基础较差。老挝处在与五国交界的结合点，战略地位十分重要，在次区域经济合作中具有地缘上的先天优势。20 世纪 80 年代，老挝不断推进市场开放和改革，促进产业结构调整变化，将第一、第二、第三产业有机结合，对市场机制进行补充，让市场经济可以发挥较为充分的作用。老挝参与次区域合作利益特征如下。一是致力于开放市场，通过外资法的确立，让对外开放的政策可以有效执行，便于形成更具吸引力的投资环境，吸引国外投资主体的注意，创造更多与外资合作的机会，还可以努力引进其他国家先进的技术和管理方式。二是致力于工业化发展。通过对本国国内产业结构进行分析，大力发展第二产业和第三产业，进行工业化、现代化建设，着重发展能源产业，以此为基石；同时，把农业加工产业及相关产业、手工制造业和旅游服务业有机结合在一起，构成新型工业产业结构。三是推进次区域互联互通，成立过境服务中心，提升境外服务水平。充分利用自身在东南亚区域中的地理优势和各国交汇的中心优势，抓住中老铁路的契机和机遇，重点开展跨境旅游和跨境物流合作，形成和完善商品供应链，让消费者需求得到满足。① 四

---

① 韦健锋. 中老铁路与老挝地缘战略价值的提升［J］. 东南亚南亚研究，2017，36（4）：14-19，106.

是倡导北部四角地区形成老、泰、缅、中经济合作区域，构建一个经济特区、两个经济开发区和相应的物流中心等，促进完善次区域功能，为次区域合作提供更好的条件。

六、中国及中国云南利益诉求

发展是我国积极参加和推动澜湄合作的主要目标。旨在通过平等交流磋商，积极推进机制平台建设，更广泛地接纳和吸收经济发展的有利因素，使各个发展项目可以有序开展并得以实施，各种资源可以在澜湄市场上高效利用，从而促进经济、社会等各方面发展。总的来说，中国参与次区域合作的利益诉求特征有以下几点。一是促进政治—安全合作。加强政治互信，培育务实合作，共同解决存在的安全问题，特别是国家层面政治安全问题，还有关于生态安全问题、卫生安全问题和能源安全问题等。二是支持澜湄地区基础设施建设，对湄公河沿线国家进行新布局，实现沿线国家相互联系，各国市场相互联通，加深沿线国家合作，使该区域内国家协同发展，合作共赢。三是推进中国企业通过澜湄合作机制，促进产能合作与经贸投资，实现产能"走出去"。四是增加各国人民沟通和交流，加大各国社会文化间的联系力度，让旅游和文化相结合、相促进，通过设立相关文化宣传机构，给区域内各国人民提供更多交流的机会，让更多优秀的文化为世界熟知，促进和带动旅游产业发展，推进六国人民形成澜湄国家命运共同体。

本书重点关注的是云南在次区域合作中的功能，因此，特别提出云南参与次区域合作的几个利益特征。一是迫切需要提升服务功能定位。根据国家"一带一路"政策目标，云南积极响应，并提出以云南为中心向周边辐射的构思，不断增进与南亚、东南亚国家的关系，加大辐射力度，扩大辐射范围，扭转区位与沿边欠发达的劣势,强化沿边开放辐射功能,实现云南在国家对外开放格局中的功能升级。二是积极推进泛亚立体交通体系建设。目前,次区域内高质量交通道路规划不足、数量有限、路况欠佳等问题仍较为明显,各国间的交通运输效率受影响较大,部分区域运输存在较大困难。云南为了解决交通运输难的困境,从道路、铁路和水路的修建入手,构建畅通的交通运输,把澜湄区域的国家有机连接起来,推进澜湄合作互联互通。三是推动"内引外联"产能合作平台建设。着力通过"长江经济带"融入国内经济大环境,再通过中国—中南半岛经济走廊加强次区域合作,发挥内引发达地区产业、外联东盟市场的枢纽作用,重点推进滇中产业新区、云南自贸区、边境合作区和跨境合作区等产业平台建设。

第二节 基于 APT-R 模型的府际关系动力机制

随着区域一体化协同发展和经济全球化,次区域主体扩大开放,融入全球产业链分工的战略达成共识,府际间的经济联系越来越密切,次区域府际合作正在成为促进本国经济发展的重要方式。与主权国家内部府际合作不同,次区域府际合作的主体是主权国家,缺乏行政隶属的纵向管理机制,参与主体的利益诉求与决策特征迥异,横向府际关系错综复杂。因此,剖析次区域府际合作的驱动因素、驱动机制尤为重要。

本节内容从动力机理的角度出发,从四个角度即引力的出现、压力的存在、推力的促进和阻力的显现影响澜沧江—湄公河次区域府际合作的因素(力量)进行了分析,并致力于找出其产生的原因和高效的运作路径,这些便逐步形成了次区域府际合作

APT-R 模型的动力机制，以期对如何优化澜湄合作机制，如何增强澜湄合作府际治理的云南功能等方面提供理论指导（详见图5.1）。

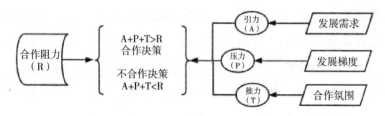

图 5.1　APT-R 模型示意

一、合作发展引力（A）

（1）外资驱动引力

在全球经济一体化的进程中，随着经济的不断发展，只凭借国内的需求和投资不足以支撑一国的发展，国际市场的重要性逐渐显现，进行国际贸易交易和吸引国际资本进入成为促进国家发展的主要力量之一。吸引国外对本国投资不仅是国际市场上各国资本的流动，还是全球各国间的互动交流，有利于科技产品和科学管理方式的交流合作。接收到资本流入的国家通常创造出一些岗位，有利于就业问题的改善，减少失业人口，促进经济发展，加快产业转型，合理安排产业布局，逐渐由第一产业向第二产业和第三产业转移，提升聚集效应和辐射效应，提供良好经营环境和政策保障，以便于更好地引入外资，提高外资选择投入意向。

湄公河沿线国家处于较低水平的发展速度，资金的缺乏是其发展缓慢的主要因素之一，澜沧江湄公河次区域合作可以形成一个更好、更全面的平台，有利于该区域内国家获得更多外资投资，进行更多贸易往来及开展合作，促进次区域国家的经济发展，进一步提升次区域国家的发展能力。一方面，各国先后提出以扩大引进外资为主的对外开放战略，成立促进外资的专门机构，加强外资投资立法和政策体系优化，提升投资便利度和营商环境。例如，泰国于 2015 年实施新投资促进战略。越南更是外资驱动的典型，2019 年，越南 FDI 到位资金达 203.8 亿美元，创下历史新高，出口型经济驱动成效显著，2009—2019 年，越南 GDP 增长了 145.3%。次区域后发国家纷纷借鉴越南经验，加快出台和优化投资便利化法规，加强对欧美和中日韩等国家外资的引入。另一方面，次区域内现存多种区域合作机制叠加，各机制均注重利用投资拉动，促进产能合作、资源开发和基础设施建设。同时，外资进入可以对国内资本进行补充，充足的资本可以促进经济的增长，在充足资本下各产业可以弥补不足，形成更完善的产业结构，让次区域内的国家得到发展。

随着 2015 年澜湄国家产能合作联合工作组机制的启动，次区域国家的合作更加便利，各国的基础设施得到有效帮扶，各国的生产效率得到有效提升。2018 年，中国与澜湄五个国家的经济贸易往来交易量达到了 2615 亿美元，相对于之前三年提高了至少 1/3；中国直接投向澜湄国家的投资规模达到 322 亿美元，相对于之前三年提高了 60%。在国内投资短缺、FDI 投资热点和次区域合作组织推动的共同作用下，次区域国家更加积极参与到府际合作中。

（2）产能合作引力

从欧盟、北美自由贸易区等次区域合作的实践来看，合作的重点在于推进贸易和投资自由化，在经济合作与共同市场建设成熟后，再向政治、社会、文化一体化领域拓展。由于历史原因，湄公河沿岸国家形成次区域的时间比较迟，产业结构不平衡，要实现工业化、信息化、农业现代化的任务依然很艰巨。借助外来投资和国际参与分工成为澜湄次区域国家的共同战略选项。从澜湄次区域产能合作趋势看，呈现以下特征。

一是产能合作领域不断拓展，促进次区域国家产业更深层次嵌入国际产业链。对全球产业转移上的接纳方面，中国、韩国、日本的产业转向越南的较多，比如，衣着方面的耐克、手机方面的富士康、相机方面的佳能、电视方面的 LG 等逐步向越南转移。越南接纳到的产业中，中国占有很大比重，从 2008 年建立相关合作后，越南接收制造业的速度在加快。

二是投资便利化程度不断提升，企业 FDI 投资路径更加顺畅。例如，柬埔寨政府正在积极推动商业与投资便利化，不断改善商业与投资环境，逐步开放市场，实行优惠政策，比如，100%的股权可以由外国资本控股，同时对外资汇出在柬埔寨赚取的利润不设限，成为东南亚经济高度自由和对外资开放程度最高的国家之一，也体现出柬埔寨对外来投资的强烈需求。

三是产业合作平台成为合作重点，跨境合作区与边境合作区建设相继启动。中老、中缅、中泰、中越、中柬等双边府际合作的产能示范区快速推进，多区域共建的产能合作区也在酝酿。例如，2018 年，泰国推动建立中—老—泰三国联合经济特区项目，振兴"金三角"地区跨境经济，并建议邀请缅甸加入，成为四国联合经济特区。

四是劳动密集型产业加速转移，产业转型升级成为下一步战略方向。越南各类产品出口比重增速快的有电子类和机械类的产品，其中，较为明显的是通信设备及配件、电子科技类产品及配件、制造相关设备的配件工具和仪器，这三类占的对外出口规模比例从 33.1%大幅上升至 38.8%，呈现出工业化、机械化加速升级的特征。而柬埔寨、缅甸等国正在承接以服装纺织品、鞋类、木制品等劳动密集型产业转移，并提出鼓励技术密集型企业投资，以拉动产业升级的战略目标。

（3）互联互通引力

随着次区域内各国对外贸易规模的不断扩大，贸易水平的不断提高，一些问题逐渐显现。从基础设施领域方面来看，次区域国家现有的基础设施限制了府际合作的水平。随着贸易水平提高，对交通运输的要求越来越高，交通运输的承载量和时效性越发重要，次区域部分国家由于自身缺乏资金和技术实力，急需吸引外来资金和外国基建企业，加速改善国内基础设施条件，以实现其经济可持续增长，以此促进互联互通和基础设施领域合作发展。世界银行研究报告显示，依托于"一带一路"项目，对基础设施投资可以降低运输成本、加快资源流动、提高生产规模和改善次区域内居民的生活水平。基础设施健全，可以促进世界贸易发展，带来 1.7%~6.2%的增长，也可以带来 0.7%~2.9%世界实际收入的提升。

从国内来看，云南基于区位优势与跨境交通设施建设契机，以我国"一带一路"建设为依托，提出东部、西部、中部三个方向出境交通项目建设，以这三个线路为基础，与次区域国家形成互联互通交通网络，为府际合作构建高效完善的基础设施网络。从次区域其他国家来看，补齐国内基础设施短板，推动本国融入次区域交通基础设施网络，搭乘未来次区域一体化和中国"一带一路"的发展快车，成为各国的共识与战略重点。我国与老挝、泰国、缅甸的铁路网建设快速推进；此外，高速公路也在推进修建，次区域各国实现有机互联互通指日可待。

（4）资源利用引力

次区域国家自然资源普遍禀赋好，耕地、矿产、水能等资源富集，具有很大的开发潜力。但是生产技术落后、交通基础设施滞后和开发程度不够等种种原因，将先天优势资源变经济发展要素的能力不足。借助欧美、中日韩等外部力量，寻求农业开发、矿产开发、水能开放、旅游开发成为次区域国家的共性需求。

从农业资源综合开发合作看，次区域内的国家具有很大的潜力，在资源方面具备一定的优势，农业现代化的水平不高，成为各国有限合作开放的领域。中国与缅甸、老挝进行替种种植业务方面的合作，促进相关产业调整，取得了铲除毒品和农业扶贫的多重收益，成为次区域经济合作的典范。

从能源合作来看，湄公河下游国家水能资源富集与电力能源短缺的矛盾突出。据统计，现阶段的电力能源短缺问题导致3000万居民不能享受稳定的电力供应。但受到生态隐患和区外势力干预的影响，跨境河流水能开发合作机制不畅，中缅密松水电站合作中断。但随着经济发展对电力能源需求的增加，借助中国资本与技术开发水能成为部分国家的战略选择。例如，中国、老挝电力能源合作突飞猛进，水电站建设数量、发电量已经可以满足90%居民的用电需求，可以给周边国家提供电力能源。老挝打造"东南亚蓄电池"的战略目标，推进与周边国家电力互联互通，助力老挝将资源优势转化为经济产出，实现由"蓄电池"向"聚宝盆"转变，为老挝经济发展开辟新路径。

从旅游开发看，澜湄区域的地质地貌独特，自然风光秀丽，旅游合作开放潜力巨大，尤其是中国与泰国之间的国际旅游热度持续高涨，中国—泰国旅游合作效应也引导次区域其他国家重视旅游合作建设。柬埔寨、老挝相继简化边境区域跨国旅游的便利程度，加速两国合作旅游区域和示范旅游区建设（详见图5.2）。

二、发展梯度压力（P）

（1）绝对贫困问题

贫困是全球各国都存在并一直在寻求解决方法的问题。湄公河流域国家经济社会发展差异大，长期存在不同程度的贫困问

96

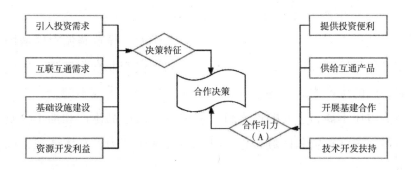

图 5.2　府际合作发展引力示意

题，严重困扰着其经济社会发展。消除贫困是澜湄次区域国家共同的目标。各国在减贫合作方面有着不同程度的压力和特征。一是生活水平低下。在老挝、柬埔寨、缅甸等国家和越南、泰国部分地区，人民的生活水平和人均生活支出很低，贫富差距大，存在大范围的绝对贫困，部分居民缺少达到最低生活水准的能力。如老挝 2018—2019 年贫困率保持在 18.3%。缅甸贫困人口 1180 万，占全缅总人口 24.8%，且返贫率较高。

二是生产率水平低下。国内情况和区域内情况会影响生产率，人力资本的缺失、资本不充足、技术水平低下和管理能力不足的因素都有可能导致生产率不高现象的出现。

三是人口增长率持续走低和赡养负担加重。其中人口老龄化呈现出基数大、差异大、速度快的特点。赡养负担系数上升，负担加重。

四是失业率高和就业率低。部分劳动力闲置，不能得到合理安排，造成了人力资源浪费。消除贫困是次区域国家的共同目标，各国必须更加积极主动参与到次区域府际合作中，交流减贫经验，寻求合作路径，深化伙伴关系，加强减贫合作，让次区域内市场更加开放，让资本可以在市场中流动顺畅，充分利用市场，一同努力摆脱贫困，为建设一个和谐、稳定、共同进步的人类命运共同体而一起努力。

（2）生产力水平低下

从历史来看，民族矛盾和军事冲突频发，导致澜湄次区域国家发展环境不稳定，延缓了对外开放和承接产业合作转移，次区域各国的生产力水平普遍较低，产业结构不平衡或不健全，工业经济占比不高，主要的进出口贸易依赖初级产品生产和加工，亟待借助国际投资和区域合作，进一步发展生产力，具体体现在以下几方面。

一是对农业生产的严重依赖。在生产方面，老挝、缅甸、柬埔寨等澜湄次区域国家对于农业过度依赖，其产值在国民收入中占比高；在就业方面，劳动力从事农业生产占总数的50%~70%；在城市化建设方面，次区域国家居住在城市居民数量占总数量的比例低，与发达国家和地区差距很大。

二是对发达国家经济依赖度高。对外开放战略的实施，使出口型经济模式在次区域国家得到广泛推广，但因为出口产品为初级产品，发达国家在国际贸易中左右其中的规则和形势，所以很大程度受制于发达国家，且国内经济很容易受到冲击，在国际分工中处于被动地位。而进出口贸易产生的收入是澜湄国家产业投资资金的主要来源。总的来说，次区域国家经济发展很大程度上受制于发达国家，依附于发达国家。

三是亚洲金融危机影响深远。1997年，亚洲金融危机冲击了泰国，对全球对外投资的企业造成了影响，也迫使诸多大型企业破产，失业人数暴增，经济发展倒退，破灭了次区域国家快速发展的美好愿望。金融危机不仅对经济产生了巨大影响，也对国家政治的稳定造成了冲击，比如，泰国的混乱，经历了近20年才得以缓慢恢复，延缓了经济发展与产业升级步伐。

（3）内部矛盾突出

市场的发展和扩大，对于政治稳定、安全保障、社会认可和全球影响力的要求不断提高。从经济的角度分析，次区域经济趋于稳步增长，但是很多因素制约着次区域经济的发展。从政治的角度分析，阻力依旧存在，缅甸长期受到民主转型问题和缅甸国内民族冲突问题的困扰；泰国一段时间国内政变频繁；其他各国防护国内恐怖活动、惩治跨国犯罪、维护网络安全、能源资源合作开发、消除贫困等挑战不断出现。次区域内各个国家需要一同努力维持政治稳定、社会安全、解决文化冲突和加强经济基础的补充。

（4）同质化竞争严重

次区域各国基于本国经济发展，致力于吸引外资、承接产业转移、扩大外贸出口和推进产业技术升级，这些共性的发展诉求导致次区域各国产业同构、外资竞争、关税保护等问题不同程度存在，制约了府际合作水平与成效。就内部环境而言，澜湄次区域内各国大多还处于低层次的经济发展阶段，各国都是以农业和初级产品为主的进出口贸易，其他产业发展不足，因此，无形中造成了同类产品的竞争，产业缺失没有及时弥补，阻碍了进一步深层次合作的进行；就外部环境而言，澜湄次区域大部分国家是依赖于对外出口来促进经济的发展和基础投资，贸易合作主要是与次区域以外的发达国家，虽然可以用于发展的资金得到了补充，但是次区域内合作受到影响，次区域市场应有的效用没有得到发挥。因此，次区域各国迫切需要平衡与次区域外国家合作和次区域内进行产业合作的比例，促进经济的持续发展（详见图5.3）。

三、战略协同推力（T）

2008 年，国际金融危机给全球各个国家带来了巨大冲击，在这场冲击中，各国出现了经济萧条，甚至经济倒退，个别发达国

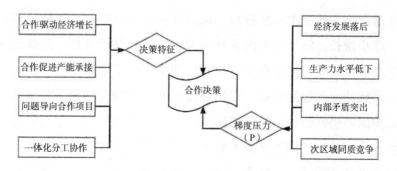

图 5.3 府际合作梯度压力示意

家为了维护自身发展、保护自身利益，通过国际组织设立出台了一些有失公平的规则或者条款，对发展中国家造成了一定的阻碍，对全球化的产业结构和投资流向也产生了一定影响，同时使多边合作不断调整和协调，各国间的贸易交易问题逐渐显现。对澜湄次区域而言，发达国家的"抱团取暖"会加剧"中心—外围"结构程度，不利于次区域内各产业均衡发展，不利于经济持续发展，发展中国家的经济水平虽然可能会有所提高，但是在全球化的生产中会逐渐被边缘化。身处复杂全球化的经济趋势和不同政治立场下，各国之间的博弈迫使澜湄次区域各国形成一个有机合作共赢的整体，研究出台扩大开放发展战略，以府际合作战略合力来应对挑战，谋求自身跨越发展的利益诉求愈加明显和迫切（详见图 5.4）。

（1）中国战略倡议

改革开放以后，我国经济水平快速提升。2013 年到 2019 年，我国经济较快增长，显著高过同时期全球其他经济体。经过不断的发展和建设，综合实力不断攀升，在全球的影响力不断扩大，在全球社会经济指标中所占比例明显提升，并且逐渐进入全球排名前列，在世界上的认可度和影响力不断扩大。随着综合国力的提升，作为澜湄合作中经济体量最大的国家，中国更加积极主动

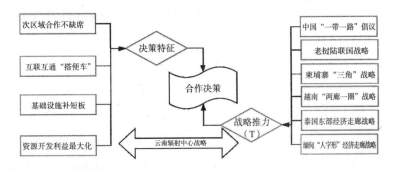

图 5.4　强化云南融入功能的动力机制分析

地承担起大国责任，带动和促进区域发展。如"一带一路"倡议的提出、澜湄合作机制的建立等，都是旨在不断加深次区域内的各个国家和平相处与合作共赢，推动次区域内国家的经济发展和社会发展，将澜沧江湄公河区域打造成一个有机整体，形成共同发展的命运共同体。

　　与大湄公河次区域经济合作关注经济合作项目有所不同，澜湄合作领域更加全面，更加符合各国需要和实际情况，主要有政治政策方面、经济建设及可持续发展和文化交流三大方面。我国根据湄公河沿线国家的实际情况做出澜湄合作计划，更能满足沿线国家的发展需要，主要是让各国居民可以提高生活水平，这是各国居民可以切身感受到的。行动力是此次计划中的重点，澜湄次区域的合作是以项目为依托，旨在高效率地推进项目进行，尽量避免冗杂的手续、程序和会议，争取让项目加速实施，为湄公河沿线国家带来经济效益。澜湄合作包含政治政策方面、经济建设及可持续发展和文化交流三大方面，便于与东盟建立稳定联系，促进东盟一体化进程，有利于形成命运共同体，加速次区域内协调发展。澜湄合作具有强大的包容性，它不是替代，而是和原本存在的机制共存，是为了补充存在的不足，为了加速各国的发展及建设，为次区域合作形成更好的环境，让各国都能参与进来并发挥自身优势，让整个次区域经济更具活力，让发展可以持续进行。从目前的情形可以看出，澜湄合作的成效逐渐显现出来，在次区域合作中不断呈现正能量，促进湄公河沿岸国家发展。

（2）泰国战略倡议

泰国的现代化建设成效显著，工业化程度有一定的提高、居民收入平均水平与中等收入国家持平。国际影响力得到了提升，与其临近区域国家之间也有一定话语权。但是因金融危机的冲击及持续影响，加上政治局势变动频繁，泰国的问题不断显现。2016年，泰国对未来20年做出了"泰国4.0"规划，提出要致力于经济发展，加强高附加值产业的建设和投资，推动经济水平达到一个新的阶段，要将传统农业的生产方式转化成智能化生产，要改变中小企业经营方式，将智能化融入其中，要改变服务业转变为高附加值的产业。为确保规划顺利实施，在2017年上半年颁布了相关宪法，保证以国家发展为优先项，确保发展战略和规划的法律高度，让国家总布局可以有效实施。泰国政府依据经济转型提出更高的目标，包括泰国收入水平达到高收入国家的收入水平；改变产业布局，形成平衡发展局势，并且增强包容性，让经济增长可持续，其中包括五大重要发展步骤：提升技能培训、增加劳动力的素质，提高人才创业能力，培养扶持新兴产业，加强自身国内经济建设，进一步与世界市场加深贸易往来。作为次区域府际合作的倡导者，泰国积极融入 GMS，倡导澜湄合作机制，并提出了东部经济走廊合作发展战略。东部经济走廊拥有着优越的地理环境和位置，泰国可以依托东部经济走廊来对自身产业进行调整，促进产业升级有效进行，加速泰国经济水平的不断提高和加强泰国工业建设以达到更高水平。

（3）缅甸战略倡议

昂山素季政府上台后，颁布《缅甸投资法（2016）》《缅甸公司法（2017）》等多部经济领域的重要法律，组建了国家经济联合协调小组、投资委员会等部门，制定经济发展战略，描绘国家发展蓝图，致力于扩大对外合作，加强经济与投资等领域的组织建设，缅甸之前被美国施加的制裁完全解除后，在贸易方面的待遇有所提升，可以享受贸易普惠，并且未来五年里将会有 80 亿美元的外来资金支持，这些资金由日本方面宣布并提供，与西方国家关系和东盟国家关系得到了改善，并在其他领域有了相应的联系，缅甸的贸易空间更加开阔。2018 年，缅甸对未来四年做出了规划，该计划是缅甸民盟政府的综合性发展框架和全面优先的政策改革议程，旨在对各方问题进行优化和解决，内容包括：维护地区和平，解决民族矛盾，保证国家内部政局稳定，通过宏观调控保持经济持续稳定，加强私营产业的扶持，解决就业问题，普及教育培养人才，促进社会和谐发展，进行环境保护和自然资源的合理利用，保证可持续发展。

（4）越南战略倡议

受到美国印太战略和南海争端的影响，"大国平衡"是越南主张的外交战略，因此，越南对外合作战略也呈现出积极寻求多边合作，广泛参与次区域合作战略的态势。另一方面，越南国家整体处于较低的发展水平，存在严重发展不平衡的现象，边境区域经济发展水平落后，北部边境更为明显。处在次区域的省份发展水平较其他地区更差，所以越南政府向来很关注中越边境地区与中国的合作，可以借助合作，达到发展其边缘区域省份的目的。另外，越南国家存在严重的发展不平衡的现象，整体来看，该国发展也处于较低的水平，边境区域经济发展水平落后，在该国北部边境更为明显，处在这个区域的省份发展水平较其他地区更差，所以越南政府很关注中越边境地区与中国的合作，希望可以借助合作发展其边缘区域省份。2004 年，"两廊一圈"由越南提出，得到了中国支持。2004 年下半年公布的联合公报中，以中国与越南经贸委员会为依托设立了相关专家组，让"两廊一圈"得到有效落实。"两廊一圈"中说的"两廊"是两个方向的经济走廊，即一条是从昆明出发途径老街、内河到达海防最后抵达广宁；另一条是从南宁出发途径谅山、内河到达海防最后抵达广宁；提到的"一圈"是说位于北部湾经济圈。这次涉及的区域有达云南和广西、广东和海南，越南 5 个省市，面积约达 87 万平方千米。就我国而言，这两条路线分别从云南和广西作为起点，以"两廊一圈"为依托，加深与越南边境合作，形成一个区域整体，带动我国发展西南地区经济，逐步实现一体化。在 2004 年后的10 年里，我国与越南分别发起的合作中，双方凭借着坚实可靠的政治、经济、资金、基础建设和社会稳定，推动两大战略对接取得了一定成果，但同时两大战略的对接仍然面临着两国基础设施推进慢，经贸摩擦大，民间互信不足的内在困难和南海问题，以及域外大国干扰的外部挑战，因此对待两国关系要从长远的角度和更高的战略高度进行处理，应加强政治沟通、政治互信、扩大经济合作、筑牢社会根基、减缓外部压力，以更加包容的协商态度促进高效的协调行动。

（5）柬埔寨战略倡议

围绕"脱离贫困，发展经济"的战略目标，柬埔寨政府出台了"三角"战略，即发展经济、维护国家和平稳定、融入国际社会。第一角，为了发展国内经济，摆脱最不发达国家的经济地位，柬埔寨王国政府出台的"三角"战略提出，从发展农业、旅游业、积极引进国外投资与援助方面入手，出台一系列相关的计划与措施。第二角，维护国家和平稳定。柬埔寨王国政府指出

"红色高棉"的非法组织地位，认为柬埔寨要维持长期的稳定，就要先通过合作和联合的方式解决人民党与奉党的团结问题，强调通过政治及经济手段促使两大党派达成共同政治纲领，实施共同的经济发展目标。第三角，融入国际社会。柬埔寨王国政府强调，为了拉动国内经济、发展对外经贸及维持稳定的外部环境，柬埔寨要积极拓展外交关系，缓和与西方国家的关系，加入区域性和全球性的各种组织。同时，为了使柬埔寨的经济政策与世界贸易组织（WTO）的方向趋于一致，对进出口关税、鼓励私人企业参加竞争、规避企业垄断等方面进行深入改革。从中国—柬埔寨双边合作来看，2019 年，在柬埔寨提出"四角"战略和我国提出的"一带一路"倡议良好合作成果的基础上，进一步深化合作，共同签署了构建命运共同体的相关文件。2018 年，我国向柬埔寨投资的总量达到 36 亿美元，占外国对柬埔寨投资总额的53%。从次区域府际合作来看，柬埔寨积极推动了越南—柬埔寨—老挝三方的"三角区发展计划"和柬埔寨—老挝—泰国—缅甸四国"经济合作战略"实施。

（6）老挝战略倡议

2019 年老挝提出 2030 年愿景的总体目标，提出要继续坚持保护环境生态，保持发展的可持续性，巩固并提升经济建设，在2020 年努力丢掉"不发达国家"的头衔，争取 2030 年进入中等收入国家的队伍。围绕这一愿景，老挝发挥区位优势与交通枢纽功能，完善铁路建设，加强经济走廊的构建和经济开发区的建设，推动合作项目的落实等。其中，中老铁路，以云南为起点，连通次区域内多个主要地区，终点为老挝南部，在我国与老挝间形成一条经济走廊，在次区域腹部辐射沿线国家，推动区域经济向更有活力、可持续和一体化的方向发展。对东盟提倡的一体化，老挝积极主动参与旅游方面的进程。整合老挝自身旅游资源，加速推进旅游线路的建设。通过旅游加强区域间联系，加速一体化进程。我国是老挝开发旅行项目的重要合作对象，老挝通过合作，加速与我国边境区域旅游业协同发展，促进边境跨国旅游合作区域的建立。

（7）云南响应行动

云南拥有着优越的地理优势，是中国、东南亚地区和南亚地区各经济圈的交汇处，是我国与东南亚地区和南亚地区相连的主要通道，是我国与次区域各国联系沟通的桥梁。特有的位置让云南可以连通三亚、肩挑两洋、连接江河入海和边境地区。随着我国不断推进长江经济带建设和"一带一路"建设等战略，云南逐渐成为与边境次区域协同合作发展的中心区域，积极响应次区域合作机制。一是响应和推进国家发展战略，努力成为南亚东南亚区域的中心，辐射周边区域。二是发挥地缘与产业优势，发挥国内国外两个市场、两种资源，积极构建国内国际双循环的新发展格局。三是完善公共基础设施修建，基础设施方面力求突破，把陆路网、航空网、电力网、水利网、通信网等基础设施作为建设重点，使云南既可以有效运用国内资源，也可以和次区域国家构建更好的经贸环境，有利于合作加深。四是推进教育、卫生、科技、文化、体育等次区域交流合作。进一步与周边国家建立紧密的联系，加强与各国的沟通，不断优化合作机制，主动与周边经济体进行高层次领导人沟通，在贸易交易的同时，加强人文、文化等方面交流，达成了一些重要合作，助力澜沧江湄公河命运共同体建设。

四、地缘博弈阻力（R）

（1）非传统安全隐患突出

冷战结束后，军事入侵以及军事冲突等传统安全问题逐渐减少，与此同时，非传统边境安全问题日渐暴露出来。① 非传统安全作为一个世界性的难题，威胁着社会安定，已经成为每个国家重点关注以及防控的重要方面。澜沧江地区由于经济发展相对滞后，政治局势复杂，宗教问题突出等众多因素交织在一起，走私贩毒、食品安全、非法移民、跨国犯罪以及政治安全等非传统安全问题的威胁非常显著。在跨境犯罪方面，"金三角"地区的毒品泛滥导致中、老、泰、缅正常经济贸易合作隐患频发，次区域各国不断进行联合执法，完善边境安全的体制机制，充分进行信息交流，联合整治治安问题，打击跨境犯罪行为；在宗教影响方面，缅甸的北部区域民族冲突问题突出，极大地影响了缅甸的社会安定和经济发展，罗兴亚难民危机导致昂山素季政府饱受欧美国家指责，也是制约缅甸融入澜湄合作的关键因素；在公共卫生方面，新冠疫情阻断了澜湄合作机制的正常开展，瑞丽非法入境感染者更是给我国边境地区疫情防控工作带来难题。

综上所述，非传统安全事件是澜湄次区域府际合作的威胁，但是秉持"同饮一江水"的理念，携手攻克非传统安全难关，正成为拓展府际合作领域，优化澜湄合作机制的合作基础。

（2）外部主体的干扰和阻力

澜湄次区域地区优越的条件和潜在的价值，引起了全球诸多经济主体的关注。作为战略安全重要区域和国际竞争的焦点，次区域地缘政治环境复杂多变，导致澜湄次区域府际治理困难重重。从经济利益与地缘竞争来看，次区域外战略介入，导致次区域内部合作项目博弈加剧，进度延缓。大国间的博弈在我国和泰国合作修建铁路上有所体现，看出了全球一些经济主体意图阻碍次区域合作的进行。中泰铁路是连接中国与中南半岛市场的经济

---

① 胡志丁，骆华松，李灿松，等．地缘安全视角下国家边界的"三重功能"及其优化组合 [J]．人文地理，2012，27（3）：79-83.

大动脉，交通基础设施互联互通将从根本上解决澜湄次区域区位环境，共建共享统一大市场带来的红利。然而，日本对泰国开出以低于政策利率和建设成本的优惠条件，导致泰国对于高铁合作对象、建设标准、线路走向等方面举棋不定，耽误了几年宝贵的时间。2021年，中老铁路将交付使用，但泰国段一期工程刚刚确定由中国企业承建，启动开工，二期工程尚未有准确时间表。秉持"平衡战略"，泰国将清迈到曼谷高铁交由日本企业实施，这不利于未来中南半岛高速铁路网互联互通。

这种经济战略恶性竞争在产业园区、能源开发等领域时有发生，干扰了澜湄次区域府际合作的进程与成效。此外，韩国、印度等国家也参与到澜湄次区域的竞争博弈中。从地缘政治领域竞争看，区别于经济利益的战略博弈，次区域外部势力地缘政治战略充斥着"为了竞争而竞争"的战略排挤现象。例如，美国的重返亚洲战略和印太战略，夹杂着"中国威胁论"搅局澜湄合作机制，矛头直指中国。例如，强行介入南海问题，导致中越关系呈现"政治冷""经济热"的困局，违背了区域一体化合作的规律。

2019年，美国邀湄公河沿线国家举办了一次由五国部长级领导组成的会议，意图对湄公河沿线中位处下游的国家进行劝诫。某美国派出官员在会议中不断对我国在湄公河流域上的举措提出质疑，让次区域各国有了忧虑，其目标已经不言自明。湄公河沿岸的主体经济长期处于低水平状态，所以一直被美国遗忘。为了避免中国在湄公河地区"做大做强"，美国近年来大力推进与湄公河流域国家的关系，先对次区域内国家进行经济方面的诱惑，意图聚集一部分国家形成小团体，然后又通过对国内小股进行一定资助，让其虚张声势"搞事情"，发布虚假舆论来诋毁我国项目，同时，不断给次区域内各国施加压力。综合以上，阻碍着澜湄次区域未来合作进展的就是这一部分发达国家，意图破坏现有的府际合作进一步升级。

(3) 跨境河流开发治理

次区域国家现阶段的主要问题在于对水资源安全方面的关注有待提高，有效解决和平衡水电能源与环境影响，提高澜湄次区域的跨境河流开发治理能力。跨境河流开发治理不是综合治理和水电资源开发与建设问题，而是牵扯更高层面的国与国之间外交和安全等的问题。从水资源危机来看，密松水电站合作开发的中断不是偶然事件，首先，水资源横跨两国，要是对水资源进行利用和开发会致使相关政治方面的问题、社会文化的冲突、环境保护等问题的出现。因为澜湄次区域各国有着不同结构，所以水资源利用和开发会有不同的侧重点，湄公河上游经济主体和下游经济主体在利益诉求方面存在差异，并有着各自的政策主张，不免会出现些争端和问题，这会阻碍合作深化的进程。其次，国际上的一些国家对水资源利用和环境问题上做文章，企图制造阴谋论调，引发全球关注和引导舆论走向，旨在破坏我国与次区域国家的友好关系，以此来限制我国与其他区域的合作。这些阻碍和猜疑让澜湄次区域的水资源利用和环境问题合作难以达到一定的共识，加大了治理难度。在国际层面进行分析，国际河流沿线国家合作对水资源治理可以大概分为四个等级：一是构建共享信息和交流的平台；二是通过协商与相关流域国家达成共识；三是建立相关联合开发水利资源机构；四是再经过一系列合作和共识达成后，在条件允许的情况下实现建设和一体化经营运作。虽然有澜湄次区域提供的合作平台，但是次区域各经济主体相关技术上合作和数据共享依旧是低层次的合作。结合现阶段情况，在构建并实行一个统一政策框架对次区域内各主体进行约束是缺乏一定条件的。目前，澜湄合作秉承着加强沟通，加强共享相关信息，按部就班，从协商到协作一点点推进，然后达成共识共同建设。以现在的形势，要结合各国需求平衡相关利益团体，提出可以直接落到实处的合作，加强交流沟通、增进彼此互信，让项目建设有序进行，并给予合理补偿机制和共享机制。

（4）公共产品合作"搭便车"

在次区域进行生产和供应公共产品是一个周期很长的项目，并且随着次区域各国间合作不断加深，不可避免会有"搭便车"现象的出现，对合作的公平制度产生影响，造成次区域福利降低，因此次区域各国应注重自身建设，要团结起来协同发展。澜湄合作中实力较弱的国家，参与合作并非为了寻求经济利益上的收获，而是为寻求建设稳定的社会环境，减少犯罪事件，保障区域和平，确保生态保护持续进行等很多非经济上的保护，但是由于其发展水平较低，世界上的其他国家很少将目光聚焦在这类国家上；对发展水平较高和经济上存在一定实力的国家来说，也不是单单追求实现经济增长，而是注重让国家可以保持持续稳定和安全。澜湄合作的各经济主体经济发展水平参差不齐，且有的差距较为明显，同时，一些主体只有有限的自然资源和资本，其区域内不能解决公共产品供应不足的问题，在次区域的公共产品助力上更没法做出贡献，所以只有承担大国责任和坚持道德准则才能推动次区域合作向更深层次迈进。在澜湄合作中，我国身为大国，承担大国责任，致力于同次区域国家一同努力，推动次区域中公共产品供应问题的解决。现实中，在澜湄次区域建设和推动次区域合作发展进程中，我国是公共产品供应数量最多的。我国不断提供优秀的人才、雄厚的资金支持、先进的建造技术等，推进澜湄合作中的公共产品质量不断提升，加速交通上的相互连通，在环境的可持续、提升医疗水平等相关方面不断加深合作，加速澜湄区域基础建设，推动澜湄合作各经济主体经济社会协调发展。在公共产品铺设上，让其与各区域发展阶段相结合，不只注重国家主体的利益分配，还尽力让区域内各国人民可以享受到公共产品，实现澜湄合作中利益公平分配和共享建设成果。目前，次区域内大型基础设施项目需要雄厚的资金支持和稳定的资金投入，并且项目建设周期很长，资本成本回收较慢。虽然我国经济实力不断提高，已经在全球经济实体中位居第二，但是对于公共产品的"搭便车"情况形成的大量未支付成本不可能单独靠中国一国负担，因此只能根据情况，合理供应和支付部分。

（5）"中国威胁论"疑虑

澜湄合作中，我国较强的经济实力、广阔的土地面积等要素，是其中大部分国家不具备的。湄公河沿岸国家受美国等一些西方国家"中国威胁论"等舆论的影响，对与我国合作产生了一些忧虑，在安全方面的信任产生了缺失。部分国家认为，合作对自身国家安全存有隐患，从而把我国作为政治上的潜在对手。主要的影响可归纳为：一是我国的崛起让部分国家产生危机意识，担忧我国会像美、日这类资本主义国家那样抢占区域市场，增加自身影响力，左右区域局势；二是东亚合作中我国在区域中的贡献不断增加，我国地位的不断提升让东盟担心其中心地位是否会被影响；三是我国军事实力日益强大，担忧我国对于南海问题会通过武力解决。部分国家想主动引进其他发达国家进入合作，对我国在澜湄次区域府际合作中的地位进行平衡，来达到制衡我国影响力，实现各国地位平衡的目的。这些无端的猜疑阻碍了澜湄合作的进一步深入，各国在合作上的信任程度和推进合作的努力程度都受到了影响。

（6）民粹主义

民粹主义带有反精英的色彩，其认为政治运动的开展和合法性的赋予都是依托于广大民众的，将人民作为他们的源泉，将人民看作解决问题的根本之路。出于历史、社会发育、法制体系建设和外部国家对其干涉等多方面原因，湄公河流域国家"民粹主义"盛行。在民意的"绑架"下，由于过高的期待和过度理想化，面对外资进入让在野党及区域内的部分民众只想到自身要追求高额的利益，而忘记了合作共赢的基本理念，基本保障方面存在缺失。以上这些原因让区域外投资者重新考虑投资意向。例如，缅甸吴登盛政府就曾以"顺从民意"为名，叫停中缅大型水电合作项目——密送水电站，极大地影响了中缅两国产能合作进程。2014 年，"海洋石油 981"事件，为了让我国感受到压力的存在，越南政府推动该国民众进行示威游行，导致后来陆续有反华的暴力行为出现，在社会制度不够完善和存在民粹主义背景的条件下，愈演愈烈，最终越南政府不得不出面平息。2018 年，为了吸引全球企业对越南投资，越南国会推出了一条经济相关法案，增加向越南投资的倾向，促进其国内经济增长和产业发展，但是越南多个城市爆发了针对该法案的民众抗议示威，并将矛头指向中国。基于强烈的国内反对声浪，越南政府被迫延后该法案的表决。通过类似的案例，越南吸取了"民粹主义"的教训，改进了"民粹主义"的处置方法，意识到若影响到中越经贸合作大局，越南就不会持续成为中越合作的受益者。据统计，我国与越南往来贸易量约为 1169 亿美元，占据越南进出口中的主要部分，说明现阶段中越两国要加深合作、加强互信、合作共赢（详见图5.5）。

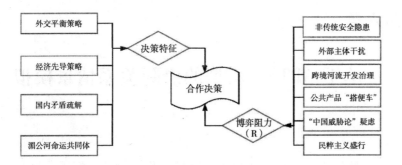

图 5.5 府际合作博弈阻力示意

第六章

基于 APT-R 模型的府际关系情景模拟

从博弈论来解释，在缺乏次区域合作机制前，澜湄次区域各主体根据已知其他主体的发展策略，为了实现本国的利益最大化，在进行策略选择时，会选择能够实现本国利益的最佳策略，从而使澜湄合作中的所有国家采取的策略，形成策略组合，达到一种稳定的状态，具有典型的"纳什均衡"特征，即非合作博弈状态。假设一个新的外部主体做出策略或内部某一主体变化策略情境下，采取的新策略能够使次区域内的其他国家都获得好处，则在进行策略演化时，各国都会随之不断更新自己的策略。次区域府际关系出现新的变化特征，并实现国家主体与次区域全局的利益更大化，打破原有的低层次的"纳什均衡"，实现次区域府际合作的"帕累托最优"。非合作博弈和合作博弈两者最大的不同，就在于决策过程中能否达成有效协议，实现有用磋商。合作各方进行有效磋商之后，进而能够在各方利益得到满足的情况下，形成一种稳定的状态。在这一状态下，一方面，获得收益相对较少的一方，相信通过在长期合作机制下，能够逐渐弥补短期收益不足的情况；另一方面，获得收益相对较高的另一方，承诺在一定程度上愿意为合作的对方进行利益让步。GMS 合作机制以及澜湄合作机制都是建立在次区域内合作各方进行有效磋商的基础上，进而达成的一种稳定状态。本章内容基于次区域合作博弈理论，分别对 GMS 机制—亚行、澜湄合作机制—中国以及澜湄合作机制—中国云南这三种新主体进行模拟，探讨在三种新主体策略变化下，次区域府际关系的新特征和新效益。

表6.1 澜湄流域各合作主体利益诉求

利益诉求	主体						
情境	泰国	缅甸	越南	柬埔寨	老挝	中国	中国云南
	引进外资,承接分工,扩大就业,促进经济发展,可持续发展,东北部发展,增强国际竞争力和地区话语权	缓解民族矛盾,促进资源开发,增强就业,消除贫困,发展经济	战后重建和经济恢复;吸引外商直接投资(FDI),发展出口经济,承接产业转移,促进产业升级,提升地区话语权	消除贫困,促进资源开发,建西港特区设,加强基础设施建设,发展"四角"战略	消除贫困,加强基础设施建设,促进能源开发,实现工业化,加强人力资源配置,加强旅游合作,实现现代化建设	谋求政治安全,生态安全,卫生安全,能源安全,促进互联互通产能合作,经贸投资,"一带一路"和命运共同体建设	促进沿边开放,农业合作,能源合作,资源开发,旅游合作,跨境贸易,实现互联互通
GMS竞合关系情境下合作契约	促进FDI增长,扩大外向型经济规模和质量,提高竞争力,助推"泰国4.0"中长期发展规划	促进投资便利化,资源开发利用,沿海工业园区合作	通过营商环境获得竞争更多的产业投资,产能转移,基础设施建设和国际留易份额	投资便利化提升,资源开发利用,港口合作,旅游合作	投资便利化提升,资源开发利用,农业技术扶持	促进进出口贸易,深化资源开发合作,投资与产能输出	"桥头堡"战略实施,口岸经济发展,陆路开发开放,农业开发等进展

续表

	主体						
	泰国	缅甸	越南	柬埔寨	老挝	中国	中国云南
利益诉求							加快云南南亚东南亚辐射中心建设，构建全方位开放新格局
澜湄合作竞合关系情境合作契合	在 GMS 基础上，拓展在泰东北地区合作，中老泰铁路等领域合作，增强地区合作话语权	在 GMS 基础上，谋求全方位合作援助，消除民族矛盾和非传统安全问题，强化经济与非经济领域合作，实施缅甸可持续发展计划（2018—2030），实现睦邻友好	在 GMS 基础上，强化产能合作，增强外向型经济，建设海洋强国	在 GMS 基础上，推进西港经济特区建设，广泛开展港口、产业园区、高速公路等领域合作，推动"四角战略"与"一带一路"倡议融合	在 GMS 基础上，推进互联互通，发展能源产业，消除绝对贫困，推进产业升级，支撑"变陆锁国为陆联国"战略	谋求政治安全、经济可持续发展，实现互联互通，促进产能合作，跨境经济合作、水资源合作，农业合作、减贫合作、社会人文合作	

116

续表

利益诉求	主体						中国云南
	泰国	缅甸	越南	柬埔寨	老挝	中国	
云南融入竞合关系情境合作契合	建设昆曼经济走廊,促进跨境旅游合作,国际贸易与投资,社会文化交流	建设自贸区瑞丽片区,发展口岸经济,促进能源、跨境农业、旅游合作和社会文化交流	促进自贸区河口片区建设,促进口岸经济,边贸与投资,旅游合作,产能合作和社会交流	促进跨境旅游合作,国际贸易与投资,社会文化交流	发展口岸经济,促进基础设施建设,深化脱贫扶贫合作,农业发展合作,跨境旅游、能源开发和社会文化交流合作	强化云南省的区位优势与交流功能,服务"一带一路"和澜湄人类命运共同体建设	充分发挥区位优势,加快云南南亚东南亚辐射中心建设,更好融入国内、国际双循环新格局

117

第一节　大湄公河次区域合作情景分析

一、实施前稳态

GMS 机制前的澜湄府际关系具有"纳什均衡"特征，即在完全信息静态博弈下，府际关系（不寻求合作）是一个符合成员国利益最大化的策略组合，在其他博弈者策略给定不变的情况下，任何参与其中的博弈国家都没有改变自己策略的动机，让渡本国利益来推动澜湄合作的动能不足。以 1992 年 GMS 合作机制实施前为时间节点，从次区域内部来看，长期以来受地缘政治、战争、民族宗教冲突和民主国家建设进程等多重因素制约，大湄公河次区域经济、人文发展落后。联合国将老挝、柬埔寨和缅甸三个国家划分为世界最不发达国家。从次区域内国家推动府际合作的意愿来看：泰国凭借较为稳定的国内政治局面，主动承接发达国家产业转移，成功嵌入国际产业链分工，成为次区域内经济发展程度最高的国家。泰国重视推动次区域府际合作，提出了一系列设想，但扩大外向型经济规模和质量是其最大的利益诉求，因此，从战略重心和国家能力看，泰国尚不具备做出合作战略决策的内部动机与外部辐射力。中国正处于改革开放初期，将积极引进外资与培育乡镇企业作为战略重心，不具备推动次区域合作的能力与动机。1990 年，越南从柬埔寨和老挝全面撤军，越南、柬埔寨和老挝致力于战后重建与经济恢复，缅甸正处于独裁政府向多党政治转变的阶段，均不具备做出促进次区域合作的战略转变①。综上所述，1992 年以前的次区域具备富集的资源和广阔的市场，除了泰国外，其他国家以自给自足的传统经济为主，区域分工与经贸往来处于较低层次，达到了一种低层次的"纳什均衡"。

二、策略扰动者

澜湄次区域府际关系符合一般的演化博弈特征，即随着时间变化府际关系演化呈现动态过程。府际关系的影响因素既有一定的随机突变性，又在演化过程中有一定的选择规律性。为了预测或揭示府际关系的状态以及驱动机制，次区域内部或外部的策略扰动是导致群体策略突变的动力，促进集群策略不断演变出新特征。

从次区域外部来看，谁可能成为打破低层次均衡，做出促进澜湄合作的新战略主导者？大湄公河次区域地处我国与南亚、东南亚地区的接合部，凭借自然经济区内丰富且富有竞争力的自然资源、人力资源，在各大投资方及贸易合作伙伴间发挥沟通桥梁作用，资源市场开发潜力巨大。首先，区域面积广阔，总面积约等于欧洲大陆，内部相邻国家有相通的文化、历史渊源，联系紧密。其次，大湄公河次区域内天然气、宝石、原油、水资源及人力资源丰富且优质。在全球经济一体化、世界政治多极化趋势带动下，区域间关联性增强，在官方直接投资、开发援助等方式的支持下，亚太地区、欧洲地区及其他西方发达国家的经贸、投资着眼点逐渐瞄准次区域，积极参与到次区域合作中，同时，加快欧盟合作机制建设是其战略重心。1970 年之前，美国多次直接参与湄公河次区域的开发活动，自越南战争结束后，主要通过跨国

---

① 金珍. 大湄公河次区域经济合作与澜沧江—湄公河合作比较研究 [D]. 昆明：云南大学，2018：19-23.

公司及相应国际机构间接参与流域的开发。1992 年以前，日本经济高速增长，日元持续升值，经济实力达到巅峰阶段，对美贸易逆差导致日本贸易战，继续拓展新的出口市场，不断提升对亚太地区事务的主导权和影响力，具备推动澜湄次区域府际合作的经济实力与战略利益诉求。因此，与全球经济影响力相匹配，从经济实力、外向型经济利益和国际社会影响力三个方面看，日本和美国作为外部主体，倡议由美国和日本共同主导的亚行来推进澜湄合作，顺理成章。在 GMS 情境下，为加强次区域内各成员国之间的经济贸易联系，实现各参与主体的效用最大化，推动次区域经济与社会的发展，次区域内其他主体的博弈策略随亚行先动策略的变化而变化。

三、实现路径

阿克塞尔罗德（Robert Axelrod）认为，博弈一方最先采取合作策略，之后策略的选择依据对方的策略进行，若对方采取合作策略，则将合作进行到底；若对方选择背叛，则采取相关策略进行报复惩罚①。有研究表明，基于互惠原则，策略扰动者的利益承诺、随动者的策略响应，以及涵盖奖惩、容忍的磋商机制，将使互惠合作更好地进行。

GMS 机制成立以来，成员国坚持平等、互信、互利的原则，合作领域涵盖政治、经济、社会发展各领域，内容涉及农业、能源、通信、交通、旅游、投资、环境保护等众多产业领域；同时，针对次区域内通信电力发展、便利客货运输、贸易等方面达成了相关协议，是助力南亚、东南亚国家互惠互利、友好合作的务实机制。GMS 的系列成果加强了成员国间的信任，减少了因双方信息不对称而造成的交易成本，为各国高层进一步增强伙伴关

---

① 刘慧. 复杂系统与国际关系研究［D］. 北京：外交学院，2008：21-23.

系创造新机遇。此外，次区域内有 5 个成员国同时属于东盟成员国，在经济实力相对雄厚的东盟成员国的带动下，推动欠发达东盟成员国经济的进一步发展，缩小东盟新老成员国间的发展差距（详见图 6.1）。

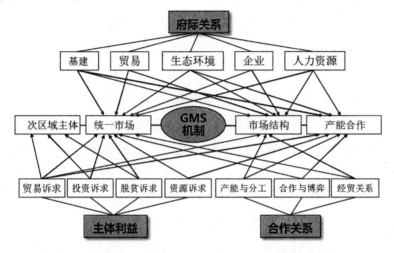

图 6.1 大湄公河次区域经济合作机制府际治理的实现路径

四、模型设计

在 GMS 机制下，亚行作为倡导府际合作的策略扰动者，做出次区域经济合作的利益承诺，来促进次区域内合作各方的经济利益。GMS 涵盖了亚行、缅甸、泰国、柬埔寨、老挝和越南 6 个主体合作博弈的特征函数：6 个合作博弈的参与主体构成集合，分别将亚行、柬埔寨、老挝、缅甸、泰国、越南用 A，B，C，D，E，F 表达，则演化博弈的实施主体构成集合为 $N = \{A, B, C, D, E, F\}$，GMS 经济一体化合作关系表达为 $S_A = \{AB \cup AC \cup AD \cup AE \cup AF\}$，经济一体化决策的选择集表达为：当 GMS 提出前，则有 $N_0 \{B, C, D, E, F\}$，代表各个国家相互独立发展，N_1 为 GMS 府际合作机制建立；当 GMS 成立后，则有 $N_1 = S_A = \{AB \cup AC \cup AD \cup AE \cup AF\}$。GMS 在经济一体化合作的情况下，进

行博弈的主体，在不同的策略组合下，可以得到的收益不同。参与者在一体化合作下能够得到的收益为

$$x_{N0}^A = G^A, \quad x_{N0}^B = G^B, \quad x_{N0}^C = G^C, \quad x_{N0}^D = G^D, \quad x_{N0}^E = G^E. \quad x_{N0}^F = G^F$$

$$(6.1)$$

$$x^S = v\ (S_{N0})\ = G_{AB}^A + G_{AB}^B + G_{AC}^A + G_{AC}^C + G_{AD}^A + G_{AD}^D + G_{AE}^A + G_{AE}^E + G_{AF}^A + G_{AC}^F$$

$$(6.2)$$

通过对消费者福利、各国关税收入以及相关利益集团获取的利益进行全面考虑后，策略扰动者或者策略随动者在此基础上，确定合作策略，即利益最大化收益高于国家间交易成本（博弈阻力），最大化收益表达为 x_{N0}，交易成本（博弈阻力）表达为 C_{N0}^1。

GMS 机制下，每个进行博弈的主体都是基于"理性人"［见式（6.3）］假设的前提，采取经济一体化决策的选择，进行的合作博弈，即个体福利最大化的决策特征。参与国在 GMS 机制得到的收益必然要不小于其在不合作决策的收益［见式（6.9）］。在进行博弈过程中，次区域当中的所有博弈者能够得到的收益取决于其他博弈者如何选择博弈策略，当且仅当所有博弈者选择了相同的博弈结构，满足 $i^* = k^* = l^* = m^* = n^* = o^* = p^*$ 时，会使博弈达到均衡稳定的状态，符合次区域单一主体理性以及集体理性。

$$x_{N_{k^*}}^A \geqslant x_{N_{i \neq k^*}}^A \qquad (6.3)$$

$$x_{N_{l^*}}^B \geqslant x_{N_{i \neq l^*}}^B \qquad (6.4)$$

$$x_{N_{m^*}}^C \geqslant x_{N_{i \neq m^*}}^C \qquad (6.5)$$

$$x_{N_{n^*}}^D \geqslant x_{N_{i \neq n^*}}^D \qquad (6.6)$$

$$x_{N_{o^*}}^E \geqslant x_{N_{i \neq o^*}}^E \qquad (6.7)$$

$$x_{N_{p^*}}^F \geqslant x_{N_{i \neq p^*}}^F \qquad (6.8)$$

$$x_{N_{i\cdot}}^A + x_{N_{i\cdot}}^B + x_{N_{i\cdot}}^C + x_{N_{i\cdot}}^D + x_{N_{i\cdot}}^E + x_{N_{i\cdot}}^F = x\ (N_{i\cdot}) = v\ (N_{i\cdot}) \qquad (6.9)$$

$$i^*,\ k^*,\ l^*,\ m^*,\ n^*,\ o^*,\ p^* \in \{0,\ 1,\ 2\}$$

五、策略模拟

在 GMS 机制下，A 亚洲银行作为策略扰动者，提出府际经济合作倡议，柬埔寨、老挝、缅甸、泰国、越南做出随动策略响应合作，形成府际关系网络结构，各参与主体磋商并达成统一的经济合作协定，打破主体之间的歧视，从而形成次区域各个主体之间生产要素流通，有效配置的统一市场。并且，该结构产生网络效益，增强了澜湄次区域集体合力。网络效应体现在：合作收益大于孤立发展和双边合作收益，达到多边合作的网络效益［见式（6.10）］，即"帕累托最优"。

首先，以 A 策略扰动者，

$$x_{N_1}^A = G_{N_1}^A \geqslant x_{N_0}^A \qquad (6.10)$$

$$x_{N_1}^B = G_{N_1}^B \geqslant x_{N_0}^B \qquad (6.11)$$

$$x_{N_1}^C = G_{N_1}^C \geqslant x_{N_0}^C \qquad (6.12)$$

$$x_{N_1}^D = G_{N_1}^D \geqslant x_{N_0}^D \qquad (6.13)$$

$$x_{N_1}^E = G_{N_1}^E \geqslant x_{N_0}^E \qquad (6.14)$$

$$x_{N_1}^F = G_{N_1}^F \geqslant x_{N_0}^F \qquad (6.15)$$

$$i^*,\ k^*,\ l^*,\ m^*,\ n^*,\ o^*,\ p^* = \{1\}$$

GMS 机制经济一体化合作决策的结构设定为 N_1，其进行博弈决策之后形成稳态，即 GMS 机制下，任何参与主体都获得利益最大化，不会牺牲利益做出策略改变，没有脱离 GMS 机制的动机。

六、府际合作驱动分析

随着 GMS 二十多年的快速发展，次区域内主体诉求、府际关系和外部扰动发生了新的变化，挖掘合作深度、拓展合作领域和强调合作速度质量成为府际合作的新诉求、新目标。从大湄公河驱动次区域府际合作的 APT-R 机制来看，体现供需错配与动力不足的问题。一是合作发展引力趋弱。2015 年 1 月 1 日，中、老、缅、柬等国的"零关税"正式实行，次区域经济达到新的合作水准。二是发展梯度压力结构复杂化。为更有效地应对次区域内恐怖袭击、卫生安全、环境治理、毒品交易等突出问题，需要将次区域经济合作进一步深入拓展到社会、文化、政治、安全等领域的合作。三是战略协同推力出现分流。亚行是大湄公河次区域的主导力量，但亚行存在资金支持力度和实现机制的薄弱环节，且长期受美、日国家影响，制约流域内其他成员国的行动。我国是为次区域合作提供重大发展机遇的最大经济发展体，但在次区域合作中的规则制定、话语主导等方面存在严重的局限性。四是地缘博弈阻力未能有效削弱。GMS 大幅提升了次区域间的经济贸易合作水平和府际关系磋商机制水平，但次区域内部非传统安全问题治理尚未触及，次区域外大国势力影响加深，逆全球化博弈传导到次区域一体化进程。因此，为突破制约次区域合作的阻碍，亟须推动"低阶"区域合作向"高阶"转变，提升合作层次，拓展合作范围，扩大合作规模，提高合作水平。为增强次区域合作的可持续性，在合作发展进程中，应提高合作形式与合作内容的匹配度，合作形式要紧随合作内容的变化而做出相应改变（详见图 6.2）。

合作发展引力与主体发展需求不匹配。GMS 机制从成立以来，各个国家主要是在经济上进行合作，并且取得了显著的成绩。主要体现在以下方面，通过采用打破各国之间的贸易壁垒的方法，不断扩充澜湄流域内各个地区的市场作为方向，把发展次区域的经济作为重要任务。现在，澜湄合作已经进入一个新的阶

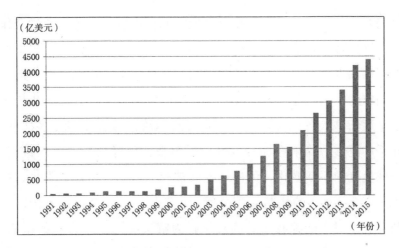

图 6.2　大湄公河次区域经济合作机制下次

区域内部贸易增长情况（1991—2015 年）

段，各国在进行经济往来和经贸合作时动力不足，为各国应当怎样促进各国合作这一问题提出了挑战。在 GMS 成立初期，次区域内部贸易总额从最初的 50 亿美元增长到 290 亿美元，世界贸易总额占比从 2%提高到 4.2%，其区域内部贸易增速相对较慢，"外力驱动"效应凸显。在 GMS 成立中期，受到中国—东盟自由贸易区与"早期收获计划"等组织政策的推动作用，内部贸易总额从 2002 年的 340 亿美元增长到 2011 年的 2650 亿美元，世界贸易总额占比提高到 6.1%，统一市场改革给次区域带来了发展红利，"内力驱动"得到培育。在 GMS 成立中后期，2012 年至 2015 年，内部贸易总额从 3020 亿美元提高到 4400 亿美元，达到了世界贸易总额的 9.3%。次区域内各国贸易的关税降到低水平，而且一般商品关税已经几乎没有下调的余地。降低关税与通关便利化带来的边际效应趋弱，GMS 机制如何提高创新挖潜，满足次区域主体对于经济持续发展、缩小区域差距、增进社会福利的需求，成为次区域府际合作的发展方向。

多元致贫压力与府际合作多领域需求错配。湄公河沿线各国之间合作的开展与是否存在安全稳定的环境息息相关。通过合作可以维持各国政治局势的稳定、加速社会进步、让文化得到更好的传承和发展，但会有各种因素限制合作进行，比如，湄公河沿线国家的政治政策不同、社会文化不同等。在安全方面，非传统安全逐渐进入各国关注视野，具有跨国跨区域性、多元多样性、联系广泛性、隐蔽性和突发性。近年来，环境被各国加以重视，全球温度的不断变化，可持续发展被视为重点，疾病、卫生、饮食等安全问题一直困扰着湄公河沿岸各国。湄公河沿岸各国的不断发展，对于能源有了更高要求，为解决能源不足带来的限制，要进行水利能源的开发和建设，开发和建设让沿岸国家对安全利用水资源出现一些担忧。在毒品方面，不断有毒品从"金三角"区域流入我国，且合成毒品流入量有扩大的趋势，对我国造成了不利影响，为各国经济的发展、社会进步带来了不稳定因素。湄公河存在治安混乱的情况，航行安全不能得到保障，对湄公河沿岸国家合作的开展形成了很大阻碍，航道的价值未充分发挥，水路的带动发展战略目标未能实现。此外，次区域内存在着大量问题，如艾滋病不能得到有效控制、恐怖主义猖獗、枪支武器泛滥、人口贩卖、环境破坏问题严重等。上述非传统安全领域持续威胁着次区域国家的和平稳定与合作发展，而没有系统地非公共安全领域合作，GMS 机制强调次区域经济合作就成了"无根之木"。

亚行战略协同力与府际合作主导权需求。在多方合作中，合理、稳定的主导权存在可以提高整体合作效率，提升合作的高质量进行，有利于维持合作关系的持续性。过去二十年，担任合作中的主导者和与各国沟通交流的协调者的亚行，不断地服务于次区域发展，并取得不错的成绩。面对错综复杂的次区域局势和全球环境，GMS 参与各国认为，亚行有实力有能力扮演好中间人的角色。但是，随着合作项目的不断进行，经济的不断发展，在次区域合作中亚行的影响能力逐渐减弱。一方面，在利益追求和经营管理等因素上，亚行和次区域各经济主体有着一定的不同，因此对亚行主导的与次区域经济主体进一步的合作存在着一定的阻碍。亚行并非独立存在的机构，美日都可以左右亚行的决策，并且其推行的政策存在着一些政治利益，有失公允，这些因素限制了合作的深入开展。在利益的驱使下，亚行大多是对前期项目给予资金支持和开展研究性投资，引导市场投资杠杆作用，湄公河流域国家庞大的公共产品供给存在资金缺口，且回报低、周期长，逐利的市场投资不会"雪中送炭"。对次区域经济主体的各产业帮助极为有限。亚行不鼓励优先支持次区域内的农业、电力、通信等企业，基础产业薄弱，缺乏完善的产业结构，致使对外依赖程度居高不下，发展的根本问题不能得到解决。另一方面，我国作为湄公河流域的唯一大国，在大湄公河次区域经济合作机制中不能有效参与其中，未能在次区域各国合作中起到引导作用，次区域合作中也未让我国综合能力得以发挥，种种因素将我国限制在 GMS 中心位置之外，也在很大程度上制约了湄公河流域合作的进一步进行。随着我国综合实力的不断提升，国际形势的不断变化，我国在 GMS 中的角色与我国实力越发不相符，包容性的缺失是 GMS 不能深入发展的原因。

地缘博弈阻力与澜湄命运共同体愿望割裂。澜湄次区域"共饮一江水"是各主体对府际关系的共识。GMS 为各国进行区域合作实现国家利益，打造次区域内各国家之间的共同利益，提供了一个良好的合作平台。然而，国际环境迅速变化，非传统安全问题日益凸显，为次区域合作带来了新的挑战。湄公河国家对民族宗教以及边境等多个方面的问题看法并不一致，并因此产生了一些矛盾。比如，越柬的边界争端、泰柬的领土主权冲突和其他国家宣扬的"中国威胁论"等，一系列的影响社会安定、次区域安全的负面原因，都不利于次区域各国之间的合作展开。目前，次区域各国要顺利开展合作，仅在经济领域进行合作是远远不够的，更需要在政治安全、社会文化等领域展开充分的合作。次区域外的其他大国的外交比以往更有针对性。同时，各国在进行合作时博弈更加激烈，以致次区域内的各国面对的传统安全问题数量多且更加复杂：一是各国在国家内部在冲突和争端的解决方面，还有很多不足，导致发生军事冲突，影响各国的社会安定和人民安全；二是中越南海争端及其背后的外部势力干扰、考验着次区域府际合作进程；三是武装冲突在缅甸频繁发生，给我国西南边境区域带来了潜在不稳定因素，并对这些区域产生不利影响。

第二节　澜湄合作机制情景分析

亚行在促进相关国家进行合作的意愿不足，为其发展提供相应资源的能力不够。虽然我国的综合国力显著增强，经济实力不断提高，但是在 GMS 过程中，没有充分展现作为地区大国的能力，对区域合作的进一步发展没有起到强有力的推动作用。我国与湄公河国家迫切希望能打破次区域之间深度融合的壁垒，不断促进次区域的合作，实现可持续发展，推动次区域国家走向安定、和平与兴盛。时任国务院总理李克强在 GMS 第五次领导人会议上提出要"打造中国—东盟合作以及中国同次区域国家经济合作升级版"后，湄公河次区域的国家积极响应了这一倡议。在首次领导人会议上，各国明确要全方位的共同推进澜湄国家命运共同体的建设，建设以合作共赢为特征的新型国际关系。通过澜湄六国共同协商和建设的澜湄国家命运共同体，能够推动"一带一路"建设，促进跨境经济合作，使得各国联系更加紧密，不断提升国际影响力。

一、实施前稳态

GMS 建立以来，为澜湄地区的地区和平、社会稳定以及经济发展发挥了重要作用，把之前一直频繁征战、社会动荡的地区转化为各国进行经济贸易往来的合作区，使其成为很多区域进行经济合作学习的典范。但是，随着经济合作日益深入推进，经济合作积极效应不断"溢出"到社会文化和国家政治安全等方面，GMS 遇到了新的挑战，如怎样进一步发展各国之间的合作范围，深化区域合作；怎样进行国家之间的体制机制建设，促进合作发展等。中国在经济水平、基建水平、能源保障、社会治安、民族团结、科教文卫事业等领域需要增进澜湄次区域全方位、全领域、深层次的合作，增进民生建设，缓解国家内部压力，取得和平发展的好环境①。因此，从促进府际经济合作看，GMS 趋近于实现一种合作博弈的"帕累托最优"，但从经济贸易、基建水平、能源保障、社会治安、民族团结、科教文卫事业等领域合作看，GMS 与澜湄次区域主体需求错配，趋近于实现一种非合作博弈的"纳什均衡"。面对快速变化的次区域主体需求、府际关系和区域外环境影响，一成不变的次区域府际合作机制需要探索创新，合作的形式需要与合作的内容相匹配②。因此，如果说 GMS 是府际合作的 1.0 版，那么推动次区域府际合作层次、范围、规模和水平提升到新阶段，迫切需要实现合作机制提质升级的 2.0 版，"澜沧江—湄公河合作机制"呼之欲出。

---

① 卢光盛，金珍. 超越拥堵：澜湄合作机制的发展路径探析 [J]. 世界经济与政治，2020，479（7）：97–119，158–159.

② 张锡镇. 中国参与大湄公河次区域合作的进展、障碍与出路 [J]. 南洋问题研究，2007，131（3）：1–10.

二、策略扰动者

随着时间的变化，澜湄次区域府际关系演化呈现动态过程，破解 GMS 与澜湄次区域主体需求错配问题，成了谁能为扰动次区域合作稳态，做出促进澜湄次区域全位、全领域、深层次合作的新战略主导者的问题。面向经济全球化、区域一体化和多极化趋势，澜湄次区域仍将继续作为亚太地区经贸投资的新热点。拓展基础设施建设，深化扶贫项目合作，优化磋商机制以及逐步完善合作体系，有利于减少交易成本，多种协议和项目的达成，增进了次区域内成员国的互访、交流，起到了增信释疑的作用，为次区域开展更高层次的合作奠定良好基础。但受到先天机制与能力约束，公共产品合作、拓展科教文卫事业交流等方面无法满足湄公河次区域国家建设发展需求的制约，GMS 难以向高质量、高效率升级。

随着世界格局风云变化与新兴大国呈现崛起之势，欧美国家对澜湄次区域的合作目标发生变化，从以经济关系为核心内容，到浓厚的政治色彩，甚至以高傲的师表姿态，不断向东盟输出自己的政治理念和价值观，尝试把西式的"人权""民主"强加给次区域国家。因此，以"输血造血机制"的方式推进次区域府际合作升级，欧美国家没有动机。此外，经过近年来的次区域合作与产业承接，越南和泰国的经济发展成效显著，区域影响力有所提升，但从竞合关系来看，通过营商环境竞争获得更多的产业投资、产能转移、基础设施建设和国际贸易份额仍是其主要任务，主动改变次区域合作策略，推动府际关系升级的辐射力与主观意愿不足。经济社会发展相对滞后的老挝、柬埔寨和缅甸得益于 GMS，更加迫切希望深层次全方位的次区域合作援助，因此，这三个国家是呼吁者和积极响应者，但不会以自身短期利益为代价做出合作策略扰动。

面临相似的发展任务，以合作促发展，让澜湄各国好上加好、亲上加亲，是澜湄次区域地区国家和各国人民的共同心愿。面对中美贸易摩擦、澜湄命运共同体、澜湄次区域公共安全问题、中国陆路开放战略等一系列内外部新变化、新主张、新需求，澜湄合作发展成为我国营造良好沿边环境、推进沿边外交的重点。从实际情况来看，我国和其他五国建立了政治上合作互信的全面的、多方位的战略伙伴关系。江河线、边界线以及水陆空联运线相互贯通，把各国资源与澜湄合作的六个国家紧紧联系在一起，有利于各国之间合作的进行。与此同时，与我国周边其他地区相比，澜湄地区在传统安全以及非传统安全方面的风险相对低于其他地区，因此澜湄地区是我国进行外交的重点周边地区。为了缓解澜湄国家在面对世界发展趋势以及国际规则秩序变动的忧虑，充分发挥我国作为本地区大国的重要作用，不断推动次区域经济合作，我国可以与澜湄国家进一步开展多边外交合作，通过将非传统安全作为突破口，为其准备安全公共产品。以采取应承担国际责任的相关措施，巩固地区"政治安全"，不断提升国家软实力和综合国力，提高我国与澜湄国家的政治互信程度，促进国家之间的命运共同体建设。在澜沧江湄公河次区域合作情境下，中国有效的先动策略相继引发湄公河国家的随动策略，从而强化了次区域府际关系在经济领域与非经济领域的拓展，实现次区域各主体的效用最大化，优化次区域的经济和社会发展目标的实现机制。

三、实现路径

澜湄合作不同于其他的次区域政府间合作机制进展缓慢，从最初开始建立时就进程较快、效率较高。在 2014 年中国—东盟领导人的会议上李克强总理提出以来，仅仅经过一年的筹备和规划，澜湄合作机制就得以确立，并确定了三大支柱与五大优先方向的合作框架。三大支柱是指政治安全领域、经济可持续发展领域以及社会人文领域。五大优先方向是指互联互通、产能合作、跨境经济合作、水资源合作以及农业和减贫。从 2015 年到 2020 年，高密度、高效率地召开了 5 次澜湄合作国家外长会议，每次会议都规划合作前景，不断加深各国的合作范围，使各国之间的合作领域更加广泛，把项目落到实处。澜湄合作进入全面实施的新阶段（详见图 6.3）。

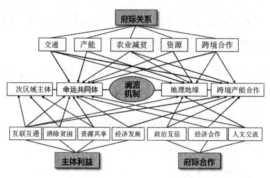

图 6.3　澜湄合作机制府际治理的实现路径

四、模型改进

在澜湄合作情境下，中国作为倡导府际合作的策略扰动者，做出次区域合作的利益承诺，在 GMS 的基础上，增加对政治合作、能源合作、非传统安全合作和文化合作的利益承诺，以增进次区域各主体的经济收益、安全保障与国家福利。澜湄合作包括六个主体，即中国、缅甸、泰国、柬埔寨、老挝以及越南。合作博弈的特征函数：6 个合作博弈的参与主体构成集合，分别将中国、柬埔寨、老挝、缅甸、泰国、越南以表达 A', B, C, D, E, F，则合作博弈的参与主体构成集合为 $N = \{A'$, B, C, D, E,

F}，澜湄合作机制表达为 $N_2 =$ {$S_{A'} \cup S_B \cup S_C \cup S_D \cup S_E \cup S_F$}，此合作机制下参与主体由双边合作升级为多边合作，实现府际关系网络效应。府际合作决策的选择集表达为：当澜湄合作提出前，仍为 GMS，则有 $N_1 =$ {$AB \cup AC \cup AD \cup AE \cup AF$}，代表澜湄合作前的 GMS 府际合作关系，则有 $N_2 =$ {$S_{A'} \cup S_B \cup S_C \cup S_D \cup S_E \cup S_F$} 为澜湄合作建立；澜湄合作博弈的参与者获得的收益为：

$$x^{A'} N_2 = G^{A'} N_2, \quad x^B_{N_2} = G^B_{N_2}, \quad x^C_{N2} = G^C N_2, \quad x^D_{N2} = G^D N_2, \quad x^E_{N2} = G^E N_2,$$

$$x^F_{N2} = G^F N_2 \tag{6.16}$$

中国基于经济、政治、安全和能源等国家利益做出策略扰动和合作倡议，次区域国家不仅有经济合作诉求，在地缘政治、非传统安全、能源合作等方面存在合作发展利益，作为随动者做出澜湄合作决策，即利益最大化收益高于国家间交易成本（博弈阻力），最大化收益表达为 $x N_2$，交易成本（博弈阻力）表达为 $C^1 N_2$。

五、策略模拟

在澜湄合作机制下，中国作为策略扰动者，提出府际合作倡议，柬埔寨、老挝、缅甸、泰国、越南做出随动策略响应合作，形成府际关系网络结构。

以 A' 表示策略扰动者，

$$x^{A'} N_2 \geqslant x^A N_1 \geqslant x^A N_0 \tag{6.17}$$

$$x^B N_2 \geqslant x^B N_1 \geqslant x^B N_0 \tag{6.18}$$

$$x^C N_2 \geqslant x^C N_1 \geqslant x^C N_0 \tag{6.19}$$

$$x^D N_2 \geqslant x^D N_1 \geqslant x^D N_0 \tag{6.20}$$

$$x^E N_2 \geq x^E N_1 \geq x^E N_0 \qquad (6.21)$$

$$x^F N_2 \geq x^F N_1 \geq x^F N_0 \qquad (6.22)$$

$$i^*, \ k^*, \ l^*, \ m^*, \ n^*, \ o^*, \ p^* = \{2\}$$

各参与主体磋商并达成统一的澜湄合作协定，各国一致同意三大支柱以及五个优先方向。同时，该结构产生网络效益，即强化了双边与多边的府际关系，增强了澜湄次区域集体合力及应对外部竞争和冲击的能力。网络效应体现在：合作收益大于 GMS 仅仅强调的经济合作收益，增进了次区域国家在互联互通、水资源、产能、农业、减贫领域和跨境贸易合作收益，达到多边合作的网络效益〔见公式（6.17）〕，即"帕累托最优"，府际合作博弈最终达成稳态，即澜湄合作下，任何参与主体都获得利益最大化，不会牺牲利益做出策略改变，没有脱离澜湄合作机制的动机。

六、府际合作驱动分析

澜湄合作作为南亚东南亚地区首个倡议性合作组织，对六个国家而言是一个能够促进发展的好机会。各个参加的主体都能在合作的项目中自由充分地表达国家的意见和诉求。通过这一合作非常有益于六个国家之间的繁荣发展。澜湄合作机制着眼于发展问题。澜湄流域附近的地区以及国家，相对于其他东盟国家而言，发展相对缓慢，经济比较落后。通过六国进行澜湄合作，能够很大程度上改善东盟内部各国家的经济发展不均衡等方面的问题，缩小各国家之间的差距，促进区域一体化的发展。现在，澜湄合作的六个国家正在不断改革，促进工业发展。我国充分发挥科技、资金与经验等方面的优势，帮助湄公河国家进行基础设施建设，在脱贫方面做出了很大贡献。湄公河国家同样在我国进行产能合作，建设"一带一路"过程中是必不可少的一部分。而且澜湄合作机制驱动次区域府际合作的 APT-R 机制，体现出多主体、多领域和多中心的府际治理新合力：聚焦问题导向谋划合作项目，凝聚府际合作共同发展引力；拓展五大合作领域，减小澜湄流域经济发展带梯度压力；加快彼此战略衔接，增进府际治理战略合力；开放包容多主体多框架合作机制，克服府际关系博弈阻力，将合作的层次、范围、规模和水平提升到新阶段。

（1）凝聚府际合作共同发展引力

要始终把发展放在澜湄合作中的首要地位，由经济互补转变为各国相互推动发展，促进各国共同进步。一是把项目作为澜湄合作中的定位，在前期合作成果示范效应显著。在第一次的澜湄合作领导人会议上，确定了在环境保护、水资源管理以及各国互联互通等多领域的 45 个早期项目，对于早期未完成的项目，各国也在积极推进，抓紧落到实处。目前，各项目已取得实质性进展，给地区内各国带来真正的好处。澜湄合作在很多方面都获得了很大的成果，树立了良好的典范，大大提高了参与合作的国家及地区的积极性。二是澜湄合作机制促进设施连通。通过澜湄合作，加快推进中缅陆水联运通道，中泰、中老铁路建设，建设东南亚铁路网，加强区域网络链接，连通各个区域的能源通道，进而为中国—中南半岛经济走廊，打造相应的基础设施。三是加快推进更深领域经济交流，加速产能合作与经济辐射力。澜湄合作在促进澜湄地区进行经济往来，推动贸易交流等方面发挥了积极作用。在各国贸易往来、人员流通以及关税等方面激发了更大的潜力。2016 年以来，从贸易来看，我国已经成为柬、缅、泰、越四个国家的首要经济贸易往来伙伴，老挝位居其后。从出口市场来看，我国已经成为缅甸最大的出口市场，泰国和老挝位居其后，是越南的第三及柬埔寨的第六大出口市场。从进口市场来看，我国是次区域各国主要进口来源国。从我国的视角来看，澜湄合作中的五国已经发展为我国第五大贸易合作者。我国的第十大进口国是泰国，第六大出口市场、第八大贸易合作者以及第九大进口国是越南。同时，缅甸、老挝以及柬埔寨在我国对外往来贸易中的比例在逐年提高。四是澜湄合作有利于加强融资。融资是澜湄合作的重点。我国为了支持澜湄合作，建设其基础设施，促进合作项目的成立，计划设立人民币优惠贷款以及信贷额度为合作提供融资支持。

（2）减小澜湄流域梯度压力

产业扶贫是国际扶贫的根本之策，减贫问题是澜湄各国最为关切的焦点之一，也是澜湄合作机制下重点合作的优先方向之一。六国提出的次区域合作报告中指出，从人均国民收入以及贫困的衡量标准来看，柬埔寨、缅甸和老挝仍然比较贫困。从人均收入来看，泰国和中国已经进入中等收入国家行列，但仍然存在国家内部地区发展的不均衡等问题，有较大基数的贫困人口。越南减贫措施得力，并且取得了一定的成效。在我国进行"一带一路"建设，进行产能合作中，澜湄合作中的五个国家是不可缺少的一部分。在第一次召开的澜湄合作领导人会议上，通过了产能合作的联合声明，六国根据发展的实际情况共同协商，依托铁路公路网与各国产业平台优势，着力发展机械制造、水电设施、钢铁冶炼、医疗设备、交通运输业、纺织轻工业、信息通信以及农产品生产加工业等宽领域、多方面的产能合作。根据《三亚宣言》确定的减贫目标，次区域国家联合成立澜湄合作减贫联合工作组，并于 2016 年开始召开四次减贫合作专题会议，达成《澜湄减贫合作五年计划》。2020 年，提出了农业合作的三年计划，通过完善农业发展机制，促进农业产业的发展，推进农业技术发展，加强农产品加工与贸易合作，提高农产品的竞争力，提高成员国的农业发展水平。

（3）增进府际治理战略合力

澜湄地区是东亚、南亚以及东南亚的交汇点，是"一带一路"的必经之路，有助于我国与中南和孟印缅两条经济走廊进行构建。澜湄合作是一个新阶段的开始，合作机制的不断优化，为"一带一路"在澜湄次区域实施奠定了基础，让"一带一路"建设的示范效应得以展现，让位处我国西南部的省份更加重视市场开发与合作，同我国周边次区域国家保持良好的沟通、加强政治互信、深化合作，一同努力构建人类命运共同体。从战略契合方面分析，澜湄合作致力于与次区域国家的战略利益保持一致，泰国建立经济特区、越南发展工业化、老挝加强陆路连通、缅甸持续发展、柬埔寨提升工业化水平等战略都与我国"一带一路"的匹配程度很高，澜湄合作可以更进一步带动次区域共同发展，给我国通向周边国家的两条经济走廊提供更好的建设基础。从战略差异度来看，根据湄公河流域国家的发展水平与战略需求差异性，我国根据次区域各国情况，分别制定了"一对一"战略，分别推进实施双边战略合作。从战略响应度来看，澜湄合作新机制及其实施框架符合湄公河流域国家发展利益，合作共赢、开发包容、共同发展、增进互信，在原有的合作基础上，将次区域合作推向了更高水平，彰显新型次区域府际治理互利共赢新特征。

（4）克服府际关系博弈阻力

在澜湄合作机制中，我国起到了一个负责任大国的作用。一是帮助澜湄流域各国在水资源领域进一步深化相关合作。在水资源领域，共同建立水资源合作中心，制订了行动计划，组建了联合工作组，完善了会议协调机制，建设了信息共享平台。从各角度出发，综合应对异常气候带来的旱涝灾害，以及流域内其他问题。落实好制订的五年计划，促进合作项目的进展，建立洪水预警机制，保障堤坝安全，增强流域水资源管理，及其综合治理的能力，实现合作共赢，为协同应对区域涉水挑战提供了合作平台。二是在"3+5+X 合作框架"下夯实区域"政治安全"。坚持"共饮一江水"协同发展互利共赢的观点，增强了各国之间的政治信任感，为澜湄次区域命运共同体建设提供了有利条件，为合作创造和谐的政治环境。我国坚决反对霸权主义、外交上的孤立主义以及贸易保护主义。表明我国走和平发展道路的决心，表达了我国在进行外交合作中的诚意，在澜湄合作中走出一条国家之间外交新路径，为国际和区域层面构建全球命运共同体，以及伙伴关系提供了经验。三是不断增强双边合作。2019 年，我国与柬埔寨签署协议，构建中老命运共同体；2020 年，共同构建中缅命运共同体，开启了双边关系的新时代。四是加快协调澜湄合作的体制机制。湄公河次区域内有不同国际组织或国家主导的各种合作机制，不仅包含澜湄合作，还设立了委员会对湄公河区域进行管理，印度和东盟国家也加入了湄公河沿岸国家的合作。为进一步深化贸易往来、加强合作，美国召集湄公河次区域中位处下方流域的国家举办会议，日、韩也与次区域内国家高层进行了沟通交流，这些机制之间的关系错综复杂。而澜湄合作注重和湄公河国家相互协调，补充其他组织的职能，共同协作促进区域一体化的发展。

第三节　强化云南辐射功能的情景分析

澜湄流域国家具有一江相连的地缘合作优势，这是澜湄合作与 GMS 的典型区别之一，也是中国积极推动澜湄合作的重要利益之一。从区位来看，云南位于东亚、南亚及东南亚的交汇处，与柬埔寨、泰国等东盟国家毗邻，是中国历史上"南方丝绸之路"和"茶马古道"的必经之路，且是与印度以及孟加拉国等南亚国家交往的重要交通枢纽，在澜湄合作中具有独特的地缘优势，能够直接参与合作。滇越铁路、中印公路、驼峰航线和滇缅公路的建设，推进了我国西南地区与南亚东南亚的经济文化交流。泛亚铁路的建设，昆曼公路的贯通，亚洲公路网体系的构建以及中缅油气管道的全线贯通，加快了云南参与次区域合作的进程。云南作为孟、中、印、缅经济走廊与GMS的主要参与者，在我国西南地区对外开放的主体地位不断提升。从发挥面向南亚东南亚的辐射中心作用看，云南经济实力仍然相对落后，自身符合功能与澜湄合作战略需求不匹配，严重制约云南在澜湄合作中发挥更大的作用。因此，要利用云南自身的独特区位，加快建设云南国际大通道，推进大湄公河次区域贸易发展，强化辐射网络建设，打造辐射中心。

一、辐射中心策略

围绕面向南亚东南亚辐射中心建设，云南将连通南亚区域和东南亚区域辐射中心的辐射功能与区位优势进一步彰显。云南作为面向南亚东南亚经济文化交流的重要枢纽，在澜湄次区域经济合作中发挥着重要作用。云南与湄公河国家具有一定的民族认同感、文化相似性，应该充分利用这一方面，不断探究云南与周边国家在科技交流、基础设施、产业合作、航道治理、文化交流、就业技能培训以及边防治理等方面全方位、多层次深入合作，不断推进改善云南—越北合作、云南—老北合作、云南—泰北合作和滇缅合作论坛等双边合作机制。推进中越河口—老街、中缅瑞丽—木姐、中老磨憨—磨丁跨境经济合作区建设。在"亲诚惠容"外交理念引领下，将云南与南亚东南亚国家的多边合作建设成我国与周边地区往来的成功范例。

国家发展改革委提出了一系列相关政策，推动云南与沿边地区进行经济贸易往来合作。政策包含的领域是全方位的，不仅涵盖与湄公河国家的农业发展、工业发展、旅游发展、经济贸易和金融等方面的合作，而且包括对基础设施建设、交通通信互联以及社会文化交流的合作。围绕融入澜湄合作机制，云南出台了一系列积极有效的实施方案、措施，包括《云南省参与建设丝绸之路经济带和21世纪海上丝绸之路实施方案》《中共云南省委、云南省人民政府关于加快建设我国面向南亚东南亚辐射中心的实施意见》《中共云南省委、云南省人民政府关于新时代扩大和深化对外开放的若干意见》《云南省加快推进面向南亚东南亚辐射中心建设15个实施方案任务落实2020年工作指南》等，促进改革开放新局面，贸易发展新征程。对外往来新政策与战略合作新布局，促进了云南与湄公河国家在基础设施、科技创新、互联互通、跨境经贸合作和文化交流等各个领域的合作，积极构建"四梁八柱"体系，实现了政策沟通、设施联通、贸易畅通、资金融通和民心相通（详见图6.4）。

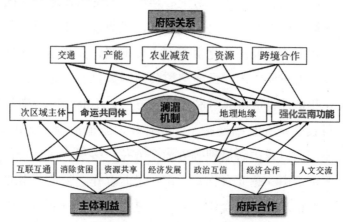

图6.4　强化云南功能的澜湄合作机制府际治理实现路径

二、策略模拟

如前文所述，考虑策略扰动者中国的主体特征与地缘环境，在澜湄合作过程中，存在大国博弈、民粹主义、民族文化差异、资源合作利益等次区域博弈带来的外部性，A' 代表中国，G 代表中国云南，外部性 $C_{N_2}^1$、$C_{N_3}^1$，$S_G = \{GB \cup GC \cup GD \cup GE \cup GF\}$。

同前文所述，中国云南与湄公河下游五国存在地理关系相连、民族文化相通、经贸往来密切等合作优势，因此，强化云南的辐射中心功能，能够实现消除地缘博弈阻力、密切人文合作交流、协同次区域产业分工等府际合作收益增量，即次区域合作正外部性。

$$C_{N_2}^T \leqslant C_{N_3}^T \leqslant 0, \quad G_{N_2}^{A'} \leqslant G_{N_3}^G, \quad x_{N_2}^{A'} \leqslant G_{N_2}^{A'} + C_{N_3}^T, \quad x_{N_3}^G = G_{N_3}^G + G_{N_3}^T, \quad x_{N_2}^{A'} \leqslant x_{N_3}^G$$

$$(6.23)$$

因此，增强云南辐射中心功能，虽然需要策略扰动者中国作出策略改变，但是中国云南的融入能更好地推进澜湄合作实施，这既符合策略扰动者中国的国家利益，也符合澜沧江流域五国的利益诉求，实现多中心、多层级、多领域的府际治理模式优化。

三、府际合作驱动分析

以边境合作示范府际治理，增强引力。发展云南与湄公河国家"沿边"与"跨境"的市场和资源优势、地缘优势、区位优势，规划、建设、提升与周边国家和地区互联互通的基础设施网络，积极探索有针对性的新时代沿边开发开放配套政策、制度、模式，全方位优化营商环境，培育更具竞争力的沿边产业，内外联动深化沿边开放，以开放促开发，加快南亚东南亚辐射中心建设，构建全方位开放新格局。

充分发挥跨境经济合作的带头作用，大胆"先行先试"，为次区域经济合作开好头。澜湄合作为我国与东盟国家合作提供了平台，既能扩大对人才吸引力，聚集各地区生产要素，推动相关区域工业产业协同发展，促进本地和周边国家的经济实现跨越式发展，又能强化辐射功能、缩小府际差距，不断减少经济发展压力，加快扶贫进程，以满足次区域合作的需求。澜湄流域的国家在农业发展方面优势显著，农业发展和粮食安全关系各国的经济发展命脉，是各国经济发展的重要组成部分。但是，老挝、越南等国家的农业整体发展水平不高，在一定程度上限制了各国的脱贫问题的解决，阻碍了各国的经济发展。云南与湄公河流域地区在诸多方面存在地域共性特征，体现在脱贫功能、现代农业发展、旅游经济培育、能源开发利益、非传统安全治理和民族宗教文化繁荣等方面。

继续扶持云南替代农业对于次区域地区现代农业发展的带动力。向次区域地区推广云南脱贫攻坚经验，改革创新云南边境旅游合作和跨境旅游合作政策，扶持云南能源产业与龙头企业"走出去"，深化云南与湄公河地区次级政府的非传统安全治理合作，强化云南以及边境州市县与次区域地方政府的府际合作和文化交流，对于转化次区域地方政府减少贫困、增加就业、产业升级、旅游经济、能源利用、非公共安全等方面压力，落实好"3+5+X"澜湄合作框架，具有不可替代的功能与效应。

以次级政府之间府际合作形成多级联动，增强战略实施效能支持次级政府之间府际交通合作，缓解"无路可走"的交通困境。鼓励次级政府之间府际产能合作，挖掘跨境资源、劳动力以及区位优势，进行跨境产业合作。将进口资源能源的转化项目、加工利用项目以及落地加工项目着重布局于边境城市、重点边境口岸、跨境经济合作试验区、经济贸易合作区以及境外经贸合作区，发展清洁载能产业。例如，保山虽然没有国家级跨境产业合作平台，但是通过深化府际产能磋商与合作，于 2019 年成功实施"一线两园"沿边开放战略，密支那跨境开发区和曼德勒产业园项目落地实施。依托沿边经济走廊建设，发挥沿边经济区核心城市和口岸城市的支撑和通道作用，培育和构建沿边特色城镇体系。支持云南沿边 25 个县，坚持以人民为中心的发展思想，为沿边居民学习、工作、生活、生产以及就业提供切实的保障，促进经贸合作，推动各民族文化交流，打造环境优美、社会稳定、文化多元的沿边开发开放深度合作示范区。

　　探索区域发展新路径，深化云南沿边地区与越北、老北、泰北和缅甸的全面务实合作，为开发沿边地区提供新机遇。推动劳动力、资金、技术和信息等要素的平稳有序流动，给沿边地区经济合作发展起到良好的示范作用。沿边地区具有两大特征，即"跨境"和"沿边"，根据其特征充分发挥地缘优势，不断改善对外开放体制，促使各个领域加强合作，充分发挥和利用云南沿边地区自主性以及灵活性的优势，通过开发开放重点地区，打造边民互市贸易区，设立自贸试验区和边境经济合作区等深化对外开放，加强与邻近国家贸易往来、互联互通与文化交流，强化互利合作。

　　以次区域府际合作化解地缘博弈阻力。从地缘关系博弈来看，次区域大国府际合作推力具有两面性：在成员国积极响应的情境下，可以高效率实现府际合作成效；在成员国决策犹豫不决的情境下，畏惧"大国主义"反而会强化"民族主义"或"中间主义"，为府际合作增加阻力。中国农业替代种植对于湄公河流域毒品治理、农业发展、生计扶贫成效显著，成为全球"南南合作"与非传统安全合作的典范。在国家的支持下，云南省政府出台支持政策主动作为，云南农业企业发挥优势，灵活协调，进而推进湄公河"金三角"地区农业替代种植出成效、成规模、建模式。作为次区域府际关系的补充，次级政府间的接触、磋商、交流与合作既是有益的也是必要的。例如，受到地缘关系与民族争端的影响，中缅陆路交通设施建设国家层面的合作磋商长期受阻，制约了中缅互联互通和边贸合作。通过次级政府间的有效磋商，在一定程度上助推打通陆路交通支线。例如，腾冲—密支那公路境外段无法通行，2003年，云南腾冲政府赴缅60余次与缅甸地方政府进行磋商，打通了腾密公路的重要一段公路，腾密公路对于外贸进出口、农业替代种植发挥了巨大作用，成为"兴边富民路"。

第四节　案例：中缅泰老"黄金四角"府际治理研究

一、府际关系情境分析

中缅泰老"黄金四角"合作地区包括中国云南的西双版纳及思茅、老挝的北方七省，缅甸的景栋及大其力地区，泰国的清迈及清莱两府。一直以来，地区各国在政治、经济、社会等多方面存在着巨大差异，领土、历史、安全等诸多问题相互交织，公路、铁路、海港和机场等基础设施建设滞后，长期存在检验检疫合作、通关便利化水平等"软"制度供给不足等情况，严重制约了区域经济合作的顺利、有序进行。与此同时，民族冲突、深度贫困、毒品遗毒、公共产品供给缺乏等问题，更是制约中、老、缅、泰四国合作发展的难点与痛点。

"黄金四角"地区经济开发合作计划是1993年泰国倡议建立

的。旨在利用丰富的资源，通过基础设施建设，各领域合作发展，构筑由中国西南通向中南半岛的陆上通道和经济走廊，促进该区域的经济发展①。中、老、泰、缅毗邻地区经济技术合作以泰国清迈、清莱，缅甸的景栋，老挝的琅勃拉邦、万象和中国云南的景洪、普洱为基础，作为这一地区经济发展的增长极，逐步发展形成"经济增长带"，从而带动中、老、泰、缅毗邻地区的社会经济发展。目前，"黄金四角"地区经济合作的范围涉及水电资源开发、航运资源开发、交通道路建设、旅游资源开发、生态环境保护、禁毒、贸易与投资以及替代种植等方面。

从实施前稳态来分析，"黄金四角"开发计划倡议提出并未得到次区域国家的响应，也未纳入 GMS 和澜湄合作中，究其原因有如下几点。一是湄公河次区域合作聚焦领域合作，本地区为广袤的农村、深度贫困、交通闭塞、公共产品缺失、产业基础薄弱、贸易占比小，不符合亚行的项目支持要求，不符合市场投资的回报预期。此外，为了避开云南利益，GMS 倡导湄公河次区域中西经济走廊建设，实施中、老、泰、缅"黄金四角"计划不符合日、美主导的 GMS 利益需求。二是老泰缅无力实施中、老、泰、缅"黄金四角"计划。中西部区域经济差异是泰国面临的重大问题，因此，发展东部地区，泰国制订"东部经济走廊"计划，并倡导"黄金四角"计划，但一直未能得到其他国家的响应。缅甸的景栋及大其力地区是少数民族武装活动地区，民族矛盾极为尖锐，政府没有发展该区域的控制力和利益诉求。随着中老铁路建设，老挝开始聚焦该地区发展，提出了倡导北部四角经济区（老、泰、缅、中），建设会晒—北本经济特区、廊开—万象加工业开发区、木达汉—沙湾拿吉经济开发区等区域合作规

---

①　毛胜根. 大湄公河次区域合作：发展历程、经验及启示 [J]. 广西民族研究，2012，107（1）：155-163.

划，支持"变陆锁国为陆联国"战略。柬埔寨提出了柬埔寨—老挝—泰国—缅甸四国"经济合作战略"，是"黄金四角"计划的响应者。

再看策略扰动者——云南。中、老、泰、缅"黄金四角"计划符合中国国家利益。从湄公河流域资源开发、"金三角"非传统安全治理、云南沿边开发开放、绝对贫困地区扶贫效应和昆曼经济走廊跨境旅游合作等诸多方面判断，上述预期成果都是中国推动澜湄合作机制的核心利益。从云南发挥府际合作辐射中心功能来看，在积极响应和参与国家层次主导的府际合作项目外，云南需要一块发挥次级政府府际合作的"试验田"，西双版纳和普洱的沿边开发开放战略也受益于"黄金四角"计划的实施。从云南倡导实施的能力来看，2019 年，云南 GDP 达到 2.3 万亿元，且在跨境农业种植、高原特色农业、水电资源开发、旅游产业发展方面基础雄厚，优势突出。从策略实施的时间窗口来看，"一带一路"与澜湄合作机制开辟了良好的地缘关系氛围，中老铁路建设，中泰铁路泰国段开工建设，为昆曼经济走廊方向的互联互通已经成熟。从"黄金四角"计划合作领域来看，推进该区域富集的旅游资源开发，能更好地用跨境旅游巩固云南旅游的优势度。此外，中铁、中交、华能、华侨城等央企将东南亚总部布局昆明，在产能合作、资源开发等领域形成支撑。

云南倡导实施中、老、泰、缅"黄金四角"计划，符合国家需求，凸显云南功能，顺应命运共同体建设，做活沿边开发开放，可谓天时、地利、人和的机会窗口，具有较好的可行性。

首先，在府际合作吸引力方面，从民心相通来看，澜沧江中、下游地区中、老、缅边境有许多跨境民族，境内、外居民有着相同的族源和语言，历史交往悠久。从区位条件来看，我国西双版纳、普洱与老挝、缅甸接壤，与泰国邻近，有国家级口岸 4

个、便道 92 条，澜湄航道纵贯，昆曼公路和中老铁路的通车为互联互通和跨境旅游创造了条件。从社会经济及自然资源状况来看，在中国澜沧江下游流域和中国境外湄公河上游流域之间的中、老、泰、缅毗邻地区具有如下的共同特点：土地辽阔，资源丰富，自然条件优越；开发较晚，生产力发展相对落后，属于贫困的未开发地区。从资源合作开发来看，澜沧江水能开发潜力大，流域区域有色金属资源丰富，铅、锌、锶、铝、镉等矿产不仅储量大，而且矿石品位高，采选条件好。大量的水力、矿产和森林资源有待进一步开发，具有很大的经济发展潜力。西双版纳被称为"动物和植物王国"，热带经济作物及各类药物资源丰富，开发前景很好，生产潜力巨大。从跨境旅游合作来看，中、老、泰、缅毗邻地区旅游资源富集，大力发展旅游业可以有效整合中、老、泰、缅四国旅游资源，提升旅游品质，辐射和带动各国边境旅游产业的发展，促进该区域经济社会发展，加快民众脱贫致富，最终促进区域内经济社会又好又快发展。西双版纳州特殊的"金四角"旅游区位优势，有利于促进与老、缅、泰三国之间的跨境旅游，使其成为东南亚跨境旅游的客流枢纽和旅游资源配置中心。

其次，在发展梯度压力方面，中、老、泰、缅毗邻地区相对整个东南亚地区经济发展较慢，生产力水平低，人民生活贫困，在泰、缅、老边境"金三角"地带形成了世界上著名的毒品种植地。开展中、老、泰、缅毗邻地区经济技术合作，充分开发当地丰富的自然资源，发展经济，用高效益的工业和农业取代原始的种植业，才能逐步解决这一地区的贫困落后和毒品生产问题。由于这一地区资源丰富、有待开发的特点，开展小区域经济技术合作将为经济较发达国家的资金、技术、产品提供新的市场。丰富的资源和廉价劳动力是吸引投资的有利条件。更重要的是，通过开展经济技术合作，发展四国毗邻地区的生产力，可加快四国的社会经济发展速度，促使这一地区尽快改变贫困落后的现状。

再次，在战略协同推力方面，从中国国家层面来看，推进"黄金四角"计划是践行"一带一路"倡议、丰富澜湄合作领域、共同推进澜湄命运共同体建设的具体举措和战略需求。云南积极服务国家"一带一路"合作和湄公河流域国家命运共同体建设，致力于建设面向南亚东南亚"辐射中心"。从"金三角"所属国家战略看，老、泰、缅虽然无力主导实施，但推进中、老、泰、缅"黄金四角"计划是次区域的共同利益和战略目标。为了缩小中西部区域经济差距，泰国制订"东部经济走廊"计划，并倡导"黄金四角"计划。缅甸的景栋及大其力地区是少数民族武装活动地区，但"彬龙协议"缓和了地区局势，在中缅共建命运共同体战略下，融入"黄金四角"次区域府际合作，不仅可以缓和民族矛盾、缓解绝对贫困，也有利于缅甸 2030 年可持续发展计划的实施。随着中老铁路 2021 年建成通车，老挝倡导北部四角经济区迫在眉睫，尤其注重磨憨—磨丁跨境经济合作区和跨境旅游领域合作，进而实现"变陆锁国为陆联国"战略。柬埔寨一直倡导"经济合作战略"，将会积极响应"黄金四角"计划。

最后，在地缘博弈阻力方面，当前"黄金四角"地区发展的障碍有以下几个。第一，"中国威胁论"仍然有市场。部分国家合作与竞争的战略导向举棋不定，一方面对中国经济发展规模心怀忌惮，另一方面又想"搭乘"中国高速发展的列车。第二，内部成员国政治局势动荡，民族主义盛行，在某种程度上约束了经济合作的正常进行，直接或间接影响了投资便利化，对次区域内产业贸易的发展形成不利影响。此外，由于民族文化差异，导致的价值观与发展理念存在差异。第三，成员国经济发展水平差异较大，既有新兴的工业化国家，如泰国；又有缅甸、老挝等最不发达的国家。第四，东盟区内贸易保护主义抬头。从长期来看，各国产业在国际贸易中的竞争力会受到影响。在供求失衡状态下，东盟国家的潜在金融风险上升。

二、府际合作领域

水陆空综合立体交通网建设加速"黄金四角"地区合作发展。随着中国外向交通网络的建设，地理临近、山水相连的"四角"区将迎来综合立体交通设施的全面升级。加密"黄金四角"地区与区域外航线，打造景洪、清迈、琅勃拉邦等航空枢纽。加快推进中老铁路建设，促进昆曼铁路泰国段全面开工建设，实现客流与货运流低成本运输。推进昆曼公路境外段的高速化建设。打通打洛至景栋段、西双版纳—老挝南塔—老挝会晒段等"断头路"，实现陆路连通。提升澜沧江湄公河通航能力建设，优化联合管理机制，建设旅游码头，联合打造"黄金水道"。

跨境旅游合作是"黄金四角"地区产能合作的重要领域。从旅游业发展规模、质量和水平来看，泰国和云南跨境旅游业发展较为成熟，旅游产业要素组合和配套设施较为完善。西双版纳是中国重要的旅游产业集聚区和国内游目的地。泰国北部清迈府已经成为泰国旅游核心目的地和枢纽，成为欧美游客和中国出境游的重要目的地。依托西双版纳热带风情游集聚区，建设昆曼旅游大通道，整合中、缅、泰老交接区富集的旅游资源，实现旅游产业辐射成为云南建设面向南亚东南亚辐射中心的战略选择。发挥昆曼高速公路和高速铁路通道功能，依托泰国黄金旅游资源，吸纳中国庞大跨境游客流量，成为泰国旅游业发展的重要方向。依托中老铁路，老挝出台了"陆锁国"变"陆联国"战略，强化与中国、泰国的旅游合作，开发老挝旅游资源，完善旅游基础设施，成为老挝产业发展的主要路径。此外，缅甸与泰国跨境游合作机制较为成熟，受限于政局稳定与非传统安全影响，规模较小，合作潜力巨大。综上所述，"黄金四角"地区旅游业合作发展将成为次区域产能合作共赢的首选领域。

资源开发尤其水能开发是"黄金四角"地区产能合作的增长极。从水资源储备、社会经济能源需求和可持续发展与科技合作来看，水电资源开发合作符合各方利益诉求，符合产能合作与可持续发展精神，是互惠共赢的产业合作路径。从中国和云南来看，水电开发技术、水电开发企业、水电开发管理发展具有竞争优势和成本优势，龙头水电企业国际化战略需要开辟新空间。从老挝、缅甸和泰国能源结构与能源需求来看，能源缺口大，清洁能源比重低，迫切需要突破电力等能源瓶颈，优先寻求与中国的能源合作。此外，以中老水电合作开发典型案例来看，水电开发不仅有效解决老挝电荒问题，还对贫困地区供电、电力出口创汇形成带动效应，成为老挝产业扶贫和出口创汇的支柱产业。中老水电合作开发的共赢局面对"一带一路"建设产能合作带来良好的示范效应，将加速产能合作与人类命运共同体建设。

加强"黄金四角"地区科技交流和技术合作是增加区域合作的有效途径。遴选水电开发、热区作物种植、光伏发电、农产品加工等经济需求大、合作成效显著的科技领域，进行科技援助，实现科技助推扶贫脱贫。加强农业技术人才、教育管理人才、医疗保健人才等重点人才素质培训合作。推进华文教育、民族文化、合作办学等教育领域合作。定向增加对"黄金四角"地区留学生资助比例，完善专科、本科和研究生教育合作体系，实现高素质学历教育合作。

三、府际治理政策设计

在"黄金四角"地区府际合作中个体的引力、压力、推力和阻力（APT-R）因子是实现次区域府际关系帕累托最优的动力机制。根据府际治理原则，通过一系列制度创新来促进"黄金四角"地区府际合作，实现府际关系"问题区"向府际合作"示范区"转型。

首先，确定合作机制。在次区域合作共识中，需要增加区域合作共同纲领建设，由中央授权次区域次级地方政府以磋商的方式促进共识深化，进一步推动"黄金四角"地区府际合作走向长效机制。谋划建立"黄金四角"地区府际合作区域协调组织机构，通过联席会议、交流协商的方式，协同解决区域公共事务。积极引导和促进以非政府组织和民营经济代表参与，有助于打破次区域本位和行政壁垒，共同解决次区域内的重大战略问题，涵盖重大交通水利基础设施建设、战略能源资源深度开发、生态环境保护安全；协助次区域内各市县府和企业制定发展战略和规划，保证局部规划与整体规划有机衔接。"黄金四角"地区府际合作的利益共享，在某种程度上就是圈内资源的共享。政府间资源共享不仅包括信息、资金、人力、矿产资源的共享，还包括生产要素和商品的自由流动等各方面。府际治理理论主张按照效率原则，合理配置包含公共物品在内的各类投资项目。为保证"黄金四角"地区府际合作中各主体的紧密性，引导和扶持实行重大项目实施。

其次，强化府际磋商。建立"黄金四角"区地方政府联席会制度，设置区域合作开发办公室，中央赋权适度下放合作磋商职能，建立定期交流议事机制，提高区域合作效率。强化云南省澜湄合作办公室职能，做实合作项目，拓展合作领域。加强对西双版纳、普洱沿边县区的对外开放的赋权，密切沿边县区政府与接壤地区的沟通交流，建立经济、文化、教育等领域的定期合作。建立"黄金四角"区企业协会等民间社会组织，加强民间层面、企业层面的交流合作。

再次，开展扶贫合作。扶贫是次区域合作中的优先领域之一。"黄金四角"四国综合国力悬殊，中国、泰国的经济实力较强；老挝和缅甸被联合国列为"最不发达国家"，发展资金十分匮乏，发展水平较为粗放。在澜湄合作的国际减贫工作中，云南需要积极发挥区位优势，认真履行国家赋予的权限，参与国际减贫工作。一是充分吸收国家层面国际扶贫经验，从地方政府层面因地制宜制定次区域扶贫举措。40多年来，中国有8亿多人摆脱贫困，对世界的减贫贡献率70%以上。作为次国家行为体，云南在扶贫思路和措施上要认真总结，积极探索，勇于实践，力求实效。二是从国际扶贫途径入手，积极参与国家和国际组织的扶贫项目，重点关注扶贫模式与国际精准扶贫衔接，根据当地的状况与需求，"对症下药"制定不同援助方案，提升当地自我脱贫能力。三是持续加大项目扶贫、科技扶贫力度。提升产业规划精准度，加强统筹管理，强化技术服务，加大资金投入，确保建设进度。

最后，加强非传统安全合作。冷战结束后，"和平与发展"成为时代主题。然而，非传统安全问题，诸如政治安全、经济安全、能源安全、跨国犯罪、恐怖主义等逐渐凸显，成为世界各国关注的重点和难题。非传统安全具有潜伏性、跨国性、动态性等特征。"黄金四角"地区由于复杂的政治、经济和宗教等因素的影响，存在跨国犯罪、毒品制造与贩运、水资源危机、政治安全等多种非传统安全问题①。次区域非传统安全问题要得到有效治理，必须进一步加强政治互信，不断开展经济合作，健全完善沟通机制等②。要加强"黄金四角"地区非传统安全要注重以下四

① 彭班. 澜湄次区域非传统安全问题合作研究 [D]. 桂林：广西师范大学，2017：19-23.

② 刘瑞，金新. 大湄公河次区域非传统安全治理探析 [J]. 东南亚南亚研究，2013，18（2）：41-45，109.

个方面：一是充分发挥联合执法安全平台的作用，加强数据共享和信息沟通，提升联合执法队伍的案件侦破效率和突发事件处理能力；二是加强边境重点区域的安全巡查，为四国合作的航道及边境定期联合执法创造条件；三是积极协助相关国家和地区发展替代种植，增加种植农作物和经济作物的种类，提高种植技术和产品质量，有效缓解对毒品经济的依赖；四是建立产品深加工工业配套体系，提高接壤的边贸市场的市场化水平，提升边贸水平和可持续的经济发展能力。

第七章

云南参与澜湄合作的府际治理路径与建议

将云南建设成为面向南亚东南亚辐射中心，是国家赋予云南的战略任务，也是云南通过沿边开放实现高质量跨越式发展的必然选择。2016年以来，云南发挥沿边地缘优势，积极响应国家战略，致力于实现政策、设施、贸易、资金、民心五通建设，主动服务和融入澜湄次区域府际合作，不断加快建设打造区域性国际经济贸易中心、金融服务中心、科技创新中心和人文交流中心建设速度。然而，云南功能受限与辐射力不足仍是最大的制约。假设"畅澜湄机制必先强云南功能"的策略成立，那么云南辐射功能不强成为制约澜湄次区域府际合作的关键瓶颈。具体体现在：出境通道受到地缘政治与建设资金的约束，互联互通能力不及预期；云南经济规模小，产业结构不优，龙头企业不强，产能合作能力与辐射力不足；受到金融管理体制与湄公河国家金融市场不完善约束，沿边金融改革与创新能力不足；缺乏充足的资金与项目支持，公共服务能力与文化交流能力有待提升。因此，本章重点研究云南如何强化功能，开辟在次区域合作中的府际治理路径。

第一节 府际合作路径

一、促进互联互通

（1）完善海陆空交通设施建设，构筑综合交通体系

结合西部陆海新通道建设，优化公路、铁路、航空、航运、管道等交通基础网络布局，以促进澜湄互联互通为目标，以沿边经济走廊为主线，将国门口岸和跨境通道作为建设重点，统筹建设互联互通的基础设施体系，以全方位开放引领沿边高质量开发开放。构建以沿边高速为基础的跨境高速公路网络，通过沿边高速串联云南跨境旅游八州（市）景区景点，通过对内高速公路连通大腹地，增强口岸与境外公路的通达性，构建便捷的跨境公路网络。中越合作区加快提升河口—老街—河内—海防—广宁（下龙湾）公路的高等级化；中老合作区加快提升勐腊—磨憨—琅勃拉邦—万荣—万象、琅勃拉邦—会晒公路的高等级化；中缅合作区加快提升芒市—瑞丽—腊戌—内比都公路的高等级化。对内加快云南沿边铁路、泛亚铁路（玉磨铁路、大瑞铁路等）和出省铁路建设，对外加快中国—越南、中国—老挝、中国—缅甸（清水河口岸、瑞丽口岸）、中国—缅甸印度五条出境铁路建设，做好铁路网互联互通"接口"设计，最终形成内外互通的高效跨境铁路网。加快澜湄水运航道的建设，加强商船通航合作与安全保障，促进澜湄航道国际客货运输及景洪、琅勃拉邦、会晒等通商港口的发展。对西双版纳嘎洒机场、德宏芒市机场进行改扩建，提升越南河内机场、老挝万象机场、琅勃拉邦机场、缅甸内比都机场、腊戌机场的通航保障能力；新开或增开合作区各国首都、

大型城市、云南省会昆明与合作区内建设有机场的各自城市的航线，并增加航班班次；分别新开或增开中越、中老、中缅三个合作区内建设有机场的城市之间的航线，航线满足直飞和环飞等多种需求，并增加航班班次。

（2）促进次区域基础设施建设

加大政府间磋商力度，全面统筹推进云南与有关国家互联互通专项规划，充分利用国际国内援助资金、优惠贷款、区域性投资基金和省内企业力量，着力打通"断头路"和"瓶颈路"，促进云南与周边国家互联互通。加快落实与周边国家的跨境汽车运输协定，方便跨境货物运输和人员往来，构建区域运输大动脉。指导和支持有关企业按照商业原则开展老挝磨丁—万象、磨丁—会晒高速公路项目合作。结合电力能源与基础设施建设领域的重大项目推进，例如，老挝磨丁—万象高速公路、中老铁路、柬埔寨暹粒机场、柬埔寨洞里萨河内河航运升级改造等一批重点基础设施项目建设，中缅500千伏联网项目、仰光省城电网规划建设项目，通过政策扶持，加快房建、路桥、市政、安装等工程企业"走出去"步伐，积极采用融资租赁、特许经营权等国际通用融资方式，在推动促进产业人才、项目运营管理、经营模式进行全方位输出，获得澜湄国家市场更多的友好度与认同感，切实推进生产要素市场的协同共赢。

（3）建设次区域电力能源中心

充分利用大湄公河次区域电力贸易，加强与南亚东南亚国家重大电力项目合作，特别是在发电、输变电、电网建设、线路改造等项目的合作，带动电力成套设备和技术出口，不断拓展云电外送市场，重点推进中越、中缅、中老泰线路建设，实现与南亚东南亚国家电力联网，拓展境外电力市场，输出清洁能源，争取区域电力协调中心（RPCC）常驻昆明，形成集供给、交易、技术和装备于一体的区域性国际化电力能源中心。大力推进与湄公河沿岸水电资源富集国家的水电合作，推动中国与缅、越、泰等国家开展能源合作，缓解电力能源短缺局面。鼓励在滇企业与南亚东南亚国家开展新能源开发。支持云南石油炼化、油品经营企业与南亚东南亚国家开展油气资源合作开发、油气炼化加工及油气贸易，提速电力能源与基础设施产业合作。

（4）建设次区域通信枢纽

以大数据为支撑，充分发挥沿边的区域优势，推进通信领域的信息、技术与标准输出，以边境地区为依托，推进中国地面数字电视传输标准，以及其他中国通信标准在澜湄国家的推广应用。引进数字经济新技术，建设国际通信枢纽，实现对澜湄其他国家的辐射。通过加强云南国际贸易数字化水平建设，全面提升口岸电子化、信息化、智能化通关水平和效率。抢抓新一轮科技革命和产业变革的机遇，聚焦新技术、新产业、新业态、新模式，加强区块链技术应用，加快完善5G网络基础设施建设，实现资源数字化、数字产业化、产业数字化，全力打造"数字云南"和建设面向南亚东南亚辐射中心数字枢纽。运用"互联网+"思维，打造"互联网+跨境物流"的"现代物流云"澜湄国家服务平台，近距离辐射澜湄合作范围内国家及其他南亚东南亚国家，远距离辐射印度洋，实现跨境货品交易供需信息精准对接、物流产业全链条一体化发展的线上国际物流枢纽功能，逐步实现与澜湄国家跨境物流信息资源互联共享。

（5）建设次区域金融中心

将边境金融综合改革创新试验区作为建设主线，持续推进边境地区金融服务机构功能发挥，防范、化解边境地区金融机构重大风险，优化金融机构功能和布局，设立边境重点地区和澜湄国家金融分支机构，扩大金融服务机构对边境城市和口岸的服务范围。推进金融服务业开放合作，开创跨境人民币业务新局面，改善人民币跨境清算环境，发展人民币域外市场，以瑞丽等区域性金融中心建设为契机，整合跨境人民币结算、非国际主要储备货币交易及国际票据交易，推动澜湄资金融通市场的一体化进程。

二、促进跨境产能合作

（1）积极消除政策壁垒，优化合作环境

国际产能合作符合沿线国家的实际需求。在产能合作领域，合作升级的深层次需求主要是消除影响资本、信息及产品自由流动的政策壁垒，进一步整合各个国家之间分裂的市场，促进生产部门协调发展，推进产能合作平台建设，促进产能合作层次提升，建立更高水平的区域合作体系。云南省政府与国家发展改革委签署《关于建立推进国际产能和装备制造合作委省协调机制的合作框架协议》，成为首批建立推进国际产能合作部省协同机制的省份。依托云南能源和通道优势，搭建云南与南亚东南亚国家开展区域能源合作平台，建立以云南为基地的南亚东南亚国家双边多边能源合作机制。争取国家将云南作为对接缅甸开展国际产能合作牵头省份，实施"一省一地"对接试点。全省重点推进电力、装备制造、冶金、化工、建材、轻工、物流等7个重点领域，筛选81个重点项目入库。柬埔寨暹粒国际机场、老挝年产100万吨氧化铝等一批重点项目纳入国家层面重点推动，老挝日常2500吨熟料新型干法水泥生产线等项目纳入丝路基金支持范围，中老铁路及沿线开发项目获得国家发展改革委国际产能合作专项资金支持，缅甸诺昌卡河水电项目、缅甸仰光达吉达燃气—蒸汽循环电厂项目、老挝赛色塔综合开发区、老挝磨丁经济专区等成为与周边国家产能合作示范项目。进一步加速推进民营企业参与产能合作，围绕云南与澜湄流域优先重点合作产业领域：农业种植与食品加工、电力能源基础设施、装备制造等方面，持续打造产融亮点，成为澜湄产业融合联动发展的新生力量。大力支持反向加工贸易发展。根据国内市场需求，参照替代种植项目下农产品返销进口计划，争取国家支持境外投资项下产品返销支持政策。鼓励企业进行科学和技术革新、企业清盘、信息交流、人力资源开发和其他方面的国际合作，并探索允许企业全部或部分向国外生产企业提供原材料、零配件、包装材料等，以实现原料市场在国内、加工在国外的工业发展格局。

（2）有力推进产能合作平台建设，增强服务供给

积极推进自由贸易区、沿边经济合作区、跨境经济合作区，承接国外和我国东部地区加工贸易转移，加快加工贸易集群发展。鼓励在滇企业积极融入境外园区建设，发挥自身优势，依托当地资源，联合国内外企业共商共建，参与缅甸皎漂工业园区、老挝赛色塔综合开发区、缅甸曼德勒缪达工业园区云南产业园、缅甸密支那经济开发区等境外园区，磨丁经济专区、柬埔寨暹粒机场临空产业园等3个境外园区建设，打造一批绿色食品、绿色能源、装备制造、钢铁、建材、化工、物流等境外产业基地，使产业融合联动发展平台作用成为现实。发挥云南区位优势，依托边境合作区和跨境合作区产能合作平台，利用国内企业的生产能力、设备、技术、资本等整体优势，开发实体经济，改善基础设施，为区域内因素流动，实现互惠互利、合作共赢创造良好的制度条件，促进澜湄次区域市场实现从贸易自由化到产能一体化的转变。依托云南能源和通道优势，搭建云南与南亚东南亚国家开展次区域能源合作平台，建立以云南为基地的南亚东南亚国家双边多边能源合作机制，建设绿色能源中心。加强对云南建投、海投、能投、云投、农垦等省属大型企业集团承建园区的引导，实现多主体运营、多业态集成的产业协同发展，实现产业融合联动

规模化发展，带动当地收入水平增加和社会福利改善，促进当地民众生活改善与脱贫致富。

（3）支持云南产能走向澜湄次区域

发挥云南交通区位优势和沿边优势，配套提升工贸条件，引导工贸企业走高层次、深加工的路子，实现工贸企业转型升级与产业转移协同发展。引导云南企业在昆明—河内—海防、中老泰经济走廊、昆明—瑞丽—曼德勒—仰光—皎漂等沿线关键节点地区，布局建设一批境外经贸合作区，推动以冶金制造、传统建材、汽车制造、化工制造、工程机械、商贸物流等优势产业为主，向境外转移并逐步建立加工基地，推动我国优势产能境外集群转移。依托沿边地区，建立以电子信息产品加工出口为主的集散基地，并迅速实现向湄公河流域国家的辐射，成为通过二次转移形成产业融合联动发展的新样板。依托湄公河流域国家廉价劳动力及土地优势，围绕周边国家稀缺的机电产品需求，在境内和境外建立一批产品制造合作的中转基地、组装基地，通过不断完善产业承接和再转移，提升"引进来"和"走出去"的质量。

（4）积极开展劳务合作，促进跨境就业

充分发挥跨境入滇外籍劳动力资源优势，国境内和国境之间的比较优势，积极对接国际及国内加工贸易订单和加工贸易企业转移，重点建设进出口商品生产及加工基地。在跨境务工方面，面对我国劳动力成本上升和沿边地区劳动力短缺，破解沿边地区"招工难"和"用工贵"问题，与周边国家积极开展跨境劳务合作。建立多层次、深广度的跨境劳务合作平台及机制，是促进跨境劳务合作实现互利共赢的重要保证。根据边境地区的产业发展需求，以主要单位加强雇佣单位，通过明晰责任、强化监管，探索建立季节用工、定向用工等规模较大的短期用工及需要大量劳动力投入的产业用工模式；境外劳动力依据不同的学历、技能、薪水要求等特点，创新实施"跨境合作微区域"民生工程，依托现有的社会教育组织及职业教育机构，大力扶植跨境劳务服务机构和定向就业技能培训机构，提高境外流动人口（特别是未成年人）的语言教育和职业技能水平。

（5）不断拓宽合作领域，实现层次提升

提升出口商品质量和效益，培育外贸出口品牌，积极发展替代经济，在中老、中缅区域共同规划建设境外替代种植示范区，以蔬菜、橡胶、水稻、热带水果、肉禽（畜）为重点，开展种植养殖技术合作与示范；加强跨境农业产业化基地建设，开展绿色产能合作。充分利用两个市场、两种资源，以供给侧结构性改革为重点，立足"中国最美丽省份"建设，围绕"绿色食品、绿色能源、健康生活目的地"绿色三张牌，加强绿色食品、绿色能源贸易往来。以油气管网和电网为主线，强化与南亚、东南亚国家的绿色产能、低碳产能、清洁产能的合作，发展以光伏、太阳能、水电、风电为代表的"绿色能源"，完善区域能源体系，共同打造世界一流的"绿色能源牌"。充分利用大湄公河次区域电力贸易，加强与南亚东南亚国家重大电力项目合作，特别是发电、输变电、电网建设、线路改造等项目的合作，带动电力成套设备和技术出口，不断拓展云电外送市场，重点推进中越、中缅、中老泰线路建设，实现与南亚东南亚国家电力联网，拓展境外电力市场，输出清洁能源，争取区域电力协调中心常驻昆明，形成集供给、交易、技术和装备于一体的区域性国际化电力能源中心。大力推进与湄公河沿岸水电资源富集国家的水电合作，推动中国与缅、越、泰等国家开展能源合作，缓解电力能源短缺局面。鼓励在滇企业与南亚、东南亚国家开展新能源开发。支持云南石油炼化、油品经营企业与南亚、东南亚国家开展油气资源合作开发、油气炼化加工及油气贸易，提速电力能源与基础设施产业合作。以水电为主的绿色能源产业已成为云南的第一主导产业，是"五大万亿产业"和世界一流"三张牌"之一。云南要在"国家清洁能源基地、西电东送基地、跨区域油气通道枢纽和面向南亚东南亚的电力交易中心"的基础上，建立辐射南亚、东南亚国家乃至非洲的绿色能源大数据中心和能源交易平台，实现能源数据化、数据金融化，增强云南在我国乃至世界中的绿色能源定价权、议价权和综合调度能力。

（6）有力推进农业合作，促进产业升级

在柬埔寨、缅甸、老挝等农业生产区，目前仍然处在原始农业种植状态，现代化农业发展仍然处在起步期，农业技术和设备普及率低。澜湄合作新机制下，云南能够依靠自身在农业方面较为先进的生产、种植和管理的比较优势，在农业研发、现代化农业技术、农业专门人才及农业专用设备领域加强合作。目前，多种多样的现代化农业生产示范园建设正在积极推进，为国内农业企业参与国际合作，提高湄公河流域沿岸国家农产品加工、储藏及内外输送提供了发展契机。根据市场需求，最大限度地利用次区域内农业产品比较优势，统筹粮食、经济作物及饲料，整合农业、畜牧业和渔业，加快种植养殖一体化发展，全面提升农业外向型发展和经营，以国际农业产品市场为导向，全面深化与周边国家在种植养殖相关领域的合作，提升农业资源在时间和空间上的配置效率，发展附加值较高的产业产品，延长农业价值链，建设高质量和效益的农业合作区，提升次区域农业产业的整体竞争力。引领建设辐射南亚东南亚农产品交易中心、物流中心、仓储中心、期货交易中心和农机生产交易基地，促进区域内农业生产要素有序流动，形成合理的农产品贸易链、流通链、价值链。加快规划和布局一批面向澜湄国家，以特有茶叶、特色花卉、特色水果、精品蔬菜、特有坚果、咖啡、特色中药材、肉牛等绿色食品加工为重点的农产品加工示范基地，积极培育具备云南标识和澜湄标识的地理标志商标和知名绿色食品品牌，承接国外和东部沿海地区加工贸易转移，积极引导实力雄厚的农业种植、加工及销售企业入驻，以大带小，引导小企业发展，形成大小企业相互协调发展的澜湄绿色食品加工产业链。同时，积极拓展食品消费行业的新业态、新模式，在研发设计、种植与制造、营销与售后方面，推进"互联网+"先进经验，在澜湄流域拓展绿色食品统一标识，面向区域外第三国市场发展跨境电商。

（7）充分发挥通道优势，促进沿边发展

不断完善产业承接和再转移，提升和优化产业对外开放的布局和结构。配套提升工贸条件，引导工贸企业走高层次、深加工的路子，实现工贸企业转型升级与产业转移协调发展。引导云南企业在昆明—河内—海防、中老泰经济走廊、昆明—瑞丽—曼德勒—仰光—皎漂等沿线关键节点地区布局建设一批境外经贸合作区，推动冶金制造、传统建材、汽车制造、化工制造、工程机械、商贸物流等优势产业向境外转移并逐步建立加工基地，推动我国优势产能境外集群转移。依托沿边地区，建立以电子信息产品加工出口为主的集散基地，并迅速实现向湄公河流域国家的辐射，成为通过二次转移形成产业融合联动发展的新样板。依托湄公河流域国家的廉价劳动力及土地优势，围绕周边国家稀缺的机电产品需求，在境内和境外建立一批产品制造合作的中转基地、组装基地，通过不断完善产业承接和再转移，提升"引进来"和"走出去"的质量。分类推进承接，有效对接澜湄需求，扶持云南弱势产能，形成产业融合联动发展样板。根据产业转移梯度理论，主动引入沿海发达地区的先进产能，发挥"二次转移"作用。依托中国（云南）自由贸易试验区、滇中新区、滇中城市群建设等，积极承接国内外产业转移，建设背靠大西南，连接长三角、粤港澳大湾区，面向南亚、东南亚国家的产业转移基地。加强与周边国家在生物医药、现代农业等领域的技术研发合作，加快建设国家科技创新与技术转移基地建设。此外，要积极发挥对外开放经济廊带优势，以云南滇中新区、中国（云南）自由贸易区昆明片区、红河片区、德宏片区及砚山产业转移承接示范基地等产业承接基地为重点依托，以电子制造业转移为契机，打造电子制造业向西南转移新基地。以保山工贸园和红河综保区为代表，大力引进国内外知名企业，在 LED 面板、电子设备及元件方面形成规模化生产、专业化发展。以重要陆运、航运、航空通道为依托，加快工业聚集基地建设，引进具有核心技术和先进技术，针对南亚东南亚市场的食品加工、电子、纺织、服装、玩具、日用化工等劳动密集型产业的企业入驻。

三、支持次级政府之间府际合作

（1）推进省级层面府际合作

云南充分利用中央、省级和园区三个层面的磋商机制，针对境外经贸合作区建设营运过程中存在的困难和问题，结合实际制定切实可行的解决方案，发挥云南在澜湄产业融合联动发展中的平台集聚与节点衔接作用。积极推动与周边国家不同部门建立、健全和完善沟通交流机制和政策合作体系。及时关注了解周边国家、地区相关体制机制及政策法规的调整变化，不断完善和制定新时代沿边创新发展机制体系，发挥沿边在云南省域发展总体格局及面向南亚东南亚开发开放合作中的功能、地位与作用，制定新时代沿边创新发展政策体系，通过与老挝、越南等国家建立反馈渠道和调适平台，例如，"中越五省市经济走廊合作会议""云南与泰北地区合作工作组""云南与缅甸合作论坛""云南与老挝北部地区合作工作组"等，打造次区域合作升级版。以最大的优惠力度和最便利的条件，积极开展与湄公河流域国家的沟通，推进湄公河流域国家在昆明设立总领事馆，满足双边发展需求，把双边的合作提升到新的高度。抢抓现有国家政策，鼓励和支持湄公河流域国家商会和湄公河流域国家权力分支机构在昆设立办事处或商务促进机构，全方位深化云南与湄公河流域国家的经贸关系。

（2）增强口岸城市府际合作

落实云南与缅甸、老挝、越南的经济合作圈构建，发挥沿边经济区核心城市和口岸城市的支撑和通联作用，培育和构建沿边特色城镇体系。发挥西双版纳、德宏、普洱、临沧、文山和保山的沿边功能，鼓励沿边25县积极与接壤地区的交流合作，深化云南沿边地区与越北、老北、泰北和缅甸的全面务实合作，构建云南与湄公河流域各个国家之间便捷的人流、物流、资金流和信息流流动渠道，为沿边地区发展提供新动能，为沿边开发开放更紧密合作提供示范。秉持"共饮一江水"的合作理念，发挥一衣带水的传统交流优势，以人为本，结合生态理念和现代信息技术，秉持民生事业优先发展的理念，智能化管理沿边城乡地区，提升居民生活质量，为沿边居民学习、工作、生活提供更加便利的条件，建立文化交流发展渠道，促进文化双向流动，实现沿边安全、优美、稳定、繁荣协调发展。

（3）创新商协会模式

主动创新商协会模式，有效发挥活络社会资源的作用。发挥商协会在产业及区域经济发展、招商引资、企业资源对接、产业链整合、技术成果对接转化等方面的积极作用，将商协会这样的社会中介组织服务纳入政府工作报告和经济社会发展规划，对云南企业"走出去"提供更好的基础支撑。促进境内外行业间商协会的交流与合作，建立南亚、东南亚地区的商业信息流通与服务平台。加强出口退税、出口信用体系、加工贸易、原产地优惠等政策的宣传。鼓励社会团体、民间组织等与周边国家政府机构、政治组织和社会团体进行友好往来。鼓励科研机构、学术协会等与沿线国家智库开展联合研究、合作论坛，支持省内有条件的城市与周边国家主要城市结为友好城市。进一步发挥云南驻南亚东南亚商务代表处功能，收集更多有关澜湄各国经济发展、产业调整、居民需求等信息和数据，并及时发布，根据数据信息调整出口策略，引导外贸、外经企业更好发展。

（4）发挥企业主导作用

充分发挥省级企业的优势，引导企业走向澜湄市场，支持和加快企业融入"一带一路"建设步伐，加快经营国际化进程，围绕电力、设备制造、金属工业、化学工业、建筑材料、物流和其他产业优势，促进一些大型项目的建设，并在生产能力和设备制造领域积极开展国际合作；发挥特别是在钢铁、水泥、农业林、旅游地产、矿产开发、经济合作区等产业领域的深度对接。推广省属企业与柬埔寨政府暹粒吴哥国际机场投融建管的合作模式。扩大老挝和缅甸橡胶资源整合。依托同心桥水电站、仰光塔克鞳燃气发电项目等重大能源资源项目建设，不断扩大能源合作领域。发挥省属企业"对外投资+国际工程承包"的发展模式，加快形成"近、中、远"的市场布局，"低、中、高"的市场梯次和"投资开发、科研设计、工程建设、项目运营"全产业链的海外业务格局，把省属企业打造成为在澜湄流域最具影响力的中国企业之一。

四、促进跨境旅游合作

（1）建立边境旅游试验区

抢抓"一带一路"国家战略机遇和云南边境地区对外开放机

遇，与云南沿边开发开放、区域性跨境经济合作区和中国（云
南）自由贸易区建设一批边境旅游试验区，积极推进以沿边八个
边境旅游试验区建设为重点的项目。通过 8 大重点支撑项目的建
设带动和加强次区域旅游合作，打造面向南亚东南亚的跨境旅游
经济带，促进跨境旅游产业良性发展，提升云南旅游国际化水平。

（2）积极争取国际合作，打造四大跨境旅游合作区

以现有与各国对等交流为基础，通过机制体制创新，形成
省、州、县三级联席会议制度，努力实现游客和旅游生产力要素
无国界的自由流动，形成激励共赢机制；以双方国家投入为导向，
吸引各国跨境资金，用于基础和公共服务设施建设，实现国与国
之间，省会城市之间，城市与景区之间的高速公路网络化；通过
"资源互享、产品共推"的基本模式，充分挖掘和培育形态多样、
内涵丰富的旅游产品，在现有跨境旅游基础上，延伸旅游线路，
形成旅游环线，同时，按照差异化、特色化的基本要求，打造中
越河口—老街、中缅瑞丽—木姐、中老磨憨—磨丁、中缅腾冲—
密支那四大跨境旅游合作区。

（3）衔接省内联动境外，构建三大跨境旅游大环线

结合云南优质的旅游产品体系，通过政策创新的保障，构建
推出吸引度高的跨境旅游大环线与旅游产品。初步提出构建三大
跨境旅游大环线。滇（西）缅（甸）跨境旅游大环线：省内以滇
西旅游大环线为基础，涵盖了瑞丽、芒市、大理、保山、腾冲、
丽江、怒江、迪庆等资源富集的世界级旅游精品，境外串联密支
那、曼德勒、仰光以及孟加拉湾等南亚区域。环线主节点为瑞丽
—曼德勒—密支那—腾冲。昆（明）曼（谷）跨境旅游大环线：
以昆曼国际大通道为基础，省内涵盖昆明、玉溪、普洱、西双版
纳等成熟旅游景区景点，境外串联琅勃拉邦、清迈、曼谷等国际
知名旅游目的地区域。环线主节点为磨憨—琅勃拉邦—万象—曼

谷—清迈—会晒—勐海。滇（东南）越（南）跨境旅游大环线，以河口为辐射中心，省内涵盖红河、文山、昆明等区域，包括元阳梯田、建水古城、弥勒温泉、石林世界自然遗产、丘北普者黑等特点鲜明的旅游产品，境外串联越南沙巴、河内、下龙湾等区域。环线主节点为河口—河内—下龙湾—河江—麻栗坡。

（4）提升跨境旅游便利化水平

规划建立跨境旅游合作示范区，既突破了区域性旅游合作区的地域限制，也突破了旅游景区合作的国境限制，是中国与邻国共建、共治、共享的"无国界旅游试验区"。在申报建设国家跨境旅游合作示范区时设立多片区模式（例如，德宏片区、临沧片区、普洱片区、西双版纳片区、红河片区、文山片区等）进行规划建设。建设国家跨境旅游合作示范区，重点推出自驾游等跨境旅游产品，吸引游客在云南境内旅游之后，再自驾出境体验自驾游等跨境旅游产品。亟须解决的重点问题是消除交通基础设施对通关便利化的制约，需要从国家层面上对合作机制进行精确的研判，通过简化通关手续，破解境内外游客在合作区内的国境限制以及推进落地批准入境签证等便利化措施，以改善此类状况。与周边国家推动实施基于相互信任前提下的通关便利化模式，推动国家之间相互承认汽车牌照和驾证，简化机动车临时出入境手续，允许国内外汽车进入跨境旅游合作示范区。

（5）优化跨境旅游合作机制

一是推动建立国家层面的跨境旅游合作磋商协调机制，针对建设跨境旅游合作的相关具体问题进行磋商，重点对跨境旅游合作示范区建设的法律构建、市场准入、执法运行、监督管理等问题加以规定。二是助推跨境旅游合作的基础设施连通、企业深化合作以及人才交流培养，切实完善跨境旅游合作示范区的各项保障工作。三是加强各国旅游基础设施建设、跨界旅游市场主体培育、旅游市场营销与监管等重点领域的交流合作，制定实施促进跨界旅游合作领域发展的有关政策。

五、促进贸易畅通

（1）引领推进国际物流通道建设

以云南"五网"建设和综合交通运输体系为依托，多渠道争取资金支持，加快推进昆明至河内和海防、昆明至万象和曼谷、昆明至曼德勒和仰光等国际物流大通道公路、铁路等基础设施建设，进一步畅通昆明经瑞丽至缅甸仰光和皎漂物流通道，引领加强国际多式联运交通网络建设。依托云南境内主要铁路和公路货运中心及重点口岸、港口等，加快以集装箱运输为核心的各种运输方式过境中转设施建设，构建以公路、铁路联动运输为基础的联动运输网络体系。支持在昆明边境州市建设多式联运示范运作区。鼓励和支持财力雄厚的境内外企业合作，在澜湄流域国家建立交通枢纽、港口，协调发展，建立陆海国际联运物流节点，配套建设多式联运中转设施，提升境外物流节点支撑服务能力。引领完善跨区域物流网。鼓励云南有实力的物流企业到周边国家开拓国际物流市场、拓展国际物流业务，结合"一带一路"重大项目建设和跨境贸易、跨境电商发展，在越南、老挝、缅甸、泰国、柬埔寨、印度、孟加拉国等国设立境外物流公司，布局建设跨境物流配送中心、互联网电商海外仓等现代物流体系，实现国内物流、跨境物流两个物流网的无缝对接。加强与珠江三角洲地区、长江三角洲地区、成渝双城经济圈、北部大湾区等区域性经济协作体的物流流通体系对接，依托各区域经济协作体的重要交通枢纽和节点城市，积极引进国内大型现代物流企业，构建中国高原特色农产品交易物流中心，打造面向澜湄流域国家的跨境物流中心，提升协同发展水平。

（2）推进跨境贸易便利化

提高对我国与湄公河流域沿岸国家的双边物流产业发展的重视度，以"流通活省"战略为蓝图，出台推动物流产业发展的政策措施，规划实施一系列项目，推动澜湄区域内便利化客、货运输服务发展及跨境约束协定。依循现有海关制度，在货物与人员流动领域加大与周边国家合作力度。建立便利化服务窗口，提升通关速度，发展便捷贸易，利用综合信息系统，方便集装箱货运、仓库和配送管理及海关后续检查。培育现代物流市场，以社会化的建设思路培育物流服务体系。在跨境电商方面，推进跨境电子商务新发展。加快解决制约跨境电商发展的交通通道能力问题，积极推动出口产品境外公共仓储和运营中心建设。鼓励企业走向澜湄市场。加强对外贸企业综合业务知识培训，提升企业综合竞争实力，规避经营风险。

第二节　府际治理保障措施

为提升云南在澜湄流域产业融合联动发展中的地位，充分体现云南在澜湄流域区位中的优势，结合澜湄流域五国产业发展需求和云南自身经济发展特点，从促进要素流动、强化企业主导、政府积极推动、区域共同参与等四个方面提出发挥云南集聚、引领、提升、保障四大功能和战略协调、政策对接、通道建设、节点链接四大作用必需的保障措施，以及释放澜湄流域产业融合联动发展潜能的政策建议。

一、要素流动保障

发挥云南在澜湄流域融合联动发展中的功能作用，需要充分调动各方资源，保障资本、劳动力等要素在区域内的畅通流动。因此，需要加大金融扶持力度，对企业进行融资引导，建立人才培养方案，满足区域发展、企业投资对资金和专业化人才的需求。

（1）构建金融服务"走出去"支撑体系

一是利用海外融资成本低、效率高的优势，建立和完善海外融资相关政策，加强政策协调、平台搭建，加大对云南境外投资企业海外融资指导，鼓励、引导和扶持企业主体重点"走出去"项目的融资扶持力度，特别是惠及民生与产业合作的基础设施建设项目。二是建立澜湄流域产业融合专项基金，对带动中国产品出口、境外资源产品进口的项目给予优先支持；同时，拓宽境内外融资渠道，创新多元化融资模式，支持国内外资本参与对外投资合作重点园区建设和重点项目建设。

（2）深化人民币跨境业务创新

一是加大向央行沟通汇报力度，争取国家加快推动与周边国家签订货币互换协议，促进在周边国家境外投资使用人民币结算。鼓励云南企业在同周边国家进行区域贸易、投资合作的过程中，运用人民币跨境支付系统进行资金清算、结算，拓宽与境外相关金融机构间的清算、结算业务渠道，并探索使用包括信用卡、电子结算在内的非现金支付手段，提高跨境支付、结算效率。二是加强境外边民银行规范制、便利制管理。推动居民对外经济交往便利化。三是鼓励云南各大金融机构提高人民币与外汇点对点跨境双向调运业务的运行效率，促进规范化升级。四是适当降低周边区域外汇市场准入门槛，发挥相关开发区、试验区口岸、边（跨）境经济合作区对加强与周边国家经济合作的引导先锋作用，并将以上区域作为试点，探索人民币与周边地区货币兑换新模式，创新贸易监管模式，设立货币特许兑换机构，支持相邻国家大型金融机构在沿边金融改革示范区设分支机构，加强同周边国家的金融府际合作。

（3）打造立体化人才培养体系

为了澜湄流域产业融合联动发展的顺利进行，也为了满足澜湄国家产业发展和云南企业对外投资需求，着力培养一批高格局、高素质、高技能、富创新的综合型人才。一是开创澜湄职业教育合作新模式，拓展培训基地建设，增设省政府奖学金，将云南打造成为服务于国家战略、面向世界的华文教育中心。二是以云南企业目前参与的基础设施建设项目和境外园区建设项目为依托，以澜湄五国优质的企业、教育合作背景为契机，为澜湄国家基础设施建设项目培养本土化建设、运营与管理人才，在进一步拓展水力、电力、铁路行业国际市场的同时，造福澜湄流域各国人民。三是联合云南大学、云南师范大学等高校与澜湄各国签署合作协议，通过人才对流、联合培养、创新合作等渠道，加强区域间农业、工业、服务业的合作，以高校优势学科资源为依托，面向澜湄合作区域，为相关管理人员提供专业化培训，为区域联动发展提供支持。

（4）提高人员出入境便利化程度

在加强人才培养的同时，为了"走出去"的中方企业管理人员的海外工作能够高效进行，要简化出入境手续，提高人员出入境便利化程度。因此，云南省政府要加大向国家外事部门汇报力度，从国家层面争取更多人员出入境便利政策：一是准予云南在周边开展重点投资项目的中方管理人员办理"一次审批、多次有效"出国（境）任务批件，同时协调对方国家使领馆为我方人员签发一年多次往返签证，并根据项目进展需要，准予适当延长出境天数；二是与缅、老、越三国商议建立"重大投资合作项目"项下双方人员可持护照从边境口岸入境的管理制度，并扩大此项下中方管理人员持边民通行证入境活动范围；三是请公安（边防）部门酌情研究昆明与边境口岸之间实现边民通行证联网申报及联网制证，以简化出国（境）审批手续，节约企业各项成本；四是针对澜湄流域国家，根据境外项目情况适当延长因公出国人员境外停留时间；五是授权跨合区（合作区）管委会办理中方工作人员专用通行证，规定持该通行证可自由进出跨合区（合作区）现有边防检查站，但不得离开跨合区（合作区）范围，通行证有效期为半年。

二、企业主导保障

在澜湄流域产业融合联动发展的过程中，为了保障产业实现规模化发展，引领传统优势产业、培育新产业，增强国际竞争力，从而实现区域价值链的延伸和提升，企业应当发挥主导作用，统筹制定企业境外战略布局发展思路和规划，加速企业重组，提高自我创新能力，加大引资力度，承接沿海高端产业，实现产业提升，形成一批具有国际知名度和影响力的区域性跨国公司，成为产业融合联动发展中的亮点。

（1）统筹制定企业境外战略布局发展思路和规划

国有企业要坚定拓展海外市场的信心，加快国际产能合作步伐，开辟境外投资新领域、寻找新资源，拓宽发展空间。强化澜湄合作战略布局，加大优质人才引进、培养力度，提高对子公司的管控能力，增强企业核心竞争力，吸引境外投资，跟踪境外重点投资企业，完善相应的资产监管和投资监测制度。

（2）优化整合对外投资合作主体，培育"走出去"引领企业

一是以具体行动和措施落实好澜湄合作精神，开展省属对外投资合作企业之间、省属企业与民营企业之间的重组整合，实现资源优化配置，打造更具竞争力的对外投资合作主体，以产业链或区域市场为纽带，构建对外投资合作平台，避免在"走出去"

进程中与国内企业恶意、同质化竞争，从而实现互利合作，共同发展。二是各企业应集中资源发展海外竞争优势主业，明确各项业务在境外市场的功能定位。整合和突出云南在对外基础设施投资合作、对外工程承包、对外能源投资、对外农业投资、海外园区和产能合作等海外投资合作领域的板块优势，对省属企业间的海外业务进行重新划分和整合。在云南建设投资控股集团的带动下，成立云南海外工程承包集团，开辟海外投资；在云南农垦集团的支撑下，加快云南农业海外发展进程；在云南省能源投资集团的扶持下，发展海外能源投资项目；在云南省投资控股集团的驱动下，盘活海外园区合作。培育出具有引领效应和带头作用的企业，重点解决云南对外投资合作企业在市场开拓能力分散、项目投融资能力不集中、存量资本使用效率不高、整体规模效应和协同效应发挥不够的问题。

（3）推进云南对外投资合作企业的混合所有制改革，进一步提升龙头企业"走出去"战略和对外投资项目活力，进一步在省属企业中引入民营企业元素，充分发挥民营企业在开拓市场、实施项目等方面的灵活多样性，补齐民营企业在资质、融资等方面的短板，通过"以大带小、以小促大"的方式进一步增加云南对外投资合作企业的活力，聚小为大，聚弱为强，形成合力。进一步提升实施综合性、大规模外经项目的能力，极大地提升云南对外投资合作事业的规模、层次和影响；同时，凭借资源优化配置，充分发挥和放大优势资源的作用，实现优势互补、协同发展。另外，企业要结合对外投资管理的实际，加紧完善各项规章制度，尽快形成符合国际产能合作战略要求的制度体系，以及各种风险防范措施。

（4）深入推进自主创新，增强国际竞争力

进一步发挥企业在创新决策、人才引进、科研投入、自主研发、成果转化等领域的主体引导作用，构建次区域府际间"产学研"合作体系，拉动云南产业结构转型升级，延长产业链，增加产品附加值。降低企业在高新技术产业领域中，对国外关键核心技术及各项零部件的依存度，抢占研发制高点，提高云南企业在国际产业分工体系中的整体地位。专注"卡脖子"核心技术研发，尽快形成企业的技术和品牌，提高核心竞争力，并以此参与国际、国内市场竞争，开展投资活动。充分发挥自身先进技术和管理优势，掌握专利自主产权，力获国际产业标准话语权，打破国际专利标准化贸易壁垒，更好地吸收澜湄合作中产生的技术溢出、经济溢出效益。同时，要坚持走规模经济的发展道路，通过兼并重组，形成一批立足于国际、国内市场的大型企业集团。对于云南目前优势不突出、技术一时难以突破的高端产业，积极从沿海地区引进承接，从而弥补不足，更好地促进云南与澜湄流域产业融合联动的发展。

三、政府推动保障

发挥云南功能作用，实现澜湄区域要素集成化与产业高级化，消除澜湄区域产业融合联动发展的主要障碍，企业是主导力量，政府是引领、推动的中坚力量，云南各级政府应当加强统筹协调，集中力量形成合力，充分利用多方国家政策支持，建立便利化政策体系，加大金融税收扶持力度，为企业创新发展、区域联动发展提供支撑。

（1）加强谋划部署，提升外事服务能力

一是完善各级政府协调组织工作机制和重大对外投资合作项目协调推进机制，形成工作合力，通过统筹指导和协调谋划，帮助"走出去"企业更好地避免恶性竞争，避免澜湄区域内企业间不必要的争端。二是完善外事服务机制，将融合联动发展列入澜湄合作和孟、中、印、缅地区合作等多边和双边合作机制有关议题，优先将区域融合联动发展磋商列入云南主要领导外事访问安排日程，加强高层对话。三是整合和突出云南在基础设施、对外工程承包、能源投资、农业投资、海外园区和产能合作等对外投资合作优势，结合云南企业海外业务的主业优势和方向，支持云南对外投资合作主要企业加强与央企、大型民营企业和国际大型企业合作，按照混合所有制模式组建对外投资合作的联合体集团，实现优势互补、强强联合。充分拓宽、有效整合境内外多种融资渠道和方式，创新服务于对外投资合作联合体集团的多元化融资模式，形成云南对外投、融资合作的战略平台。四是对农业、基础设施、产能合作、能源开发、旅游、人文科技交流等重点领域分别制定专项方案，提升云南服务周边国家外交能力。五是提升境外安全保障工作水平，对海外投资企业项目、资金、人员提供安全保障。六是进一步完善通关便利化政策，创新出入境管理机制，全面推行"一站式"通关模式，确保通关便利、人员便利。

（2）为重大项目提供更有力的金融支持

一是聚焦重点项目建设，在流动性、安全性、效益性原则指导下，合理运用各类金融工具，加快金融开放步伐，借助项目融资、混合贷款等方式支持政府跨国互联互通、国际范围内产业转移、流域管理、矿产能源合作、国际减贫合作等重大项目的有序进行。二是综合运用政策性出口信用保险政策，全面落实面向澜湄五国的风险可控项目，对云南在周边国家实施的重大项目增加政策性贷款及保险国别额度，优化国别承贷、承保政策。三是在符合有关规定的前提下，对境外罂粟替代发展项目的政策性出口信用保险，根据替代发展项目情况制定有利于承保的条件和政策，增加承保内容。四是深化保险机构双向开放，面向跨境装备制造合作、国际农业合作、跨境电商等项目开发新的保险产品。五是鼓励云南改革探索企业境外发债与借用中长期国际商业贷款外债新模式。《云南省实施"补短板、增动力"省级重点前期项目行动计划（2019—2023年）》提出，依托边境经济合作区、沿边重点开发开放试验区、综合保税区建设，围绕促进边境口岸城市产城融合发展，打造"口岸+产业加工、口岸+边境旅游、口岸+跨境商贸物流、口岸+特色小镇"等发展业态，启动建设、实施对外开放项目41项，完成投资500亿元。

（3）加大财政税收扶持力度

一是放宽进料加工政策，合理降低企业税负。鼓励企业在国外资源支撑下加快产品精深加工进程，拓展海外市场，建议在海外投资、海外项目并购等方面贷款予以更多贴息政策扶持。建议国家从实际出发，放宽政策，进料加工贸易按增值额进行征税或者减免税，帮助企业进一步拓展海外市场，加快产业升级步伐，提升企业国际化经营能力。二是对企业加强税收指导，解决云南企业因境外纳税凭证不规范而导致境内双重征税问题。三是加紧研究境外基础设施类PPP（Public Private Partnership）和BOT（Build-Operate-Transfer）项目金融税收优惠政策，降低此类项目的预期收益率和融资担保标准。

密切关注后疫情时代次区域合作。新冠疫情给流域各国在经济、脱贫、人文交流等领域造成不同程度冲击。后疫情时代，各国应在澜湄合作框架下，在疫情防控常态化背景下，发挥公共卫生合作优势，加强创新边界管控机制，建设传染病预防一体化体系，加强物资调配和抗疫能力建设，关注社会民生，增加就业机会，助力次区域加速经济复苏、快速恢复活力。

四、辐射功能保障

（1）提高为周边国家服务的外交能力

充分发挥云南地缘优势，利用云南同周边国家的亲和力，积极承接起国家赋予的外交任务，突出云南在 GMS、澜湄合作中的前沿省份地位，将云南打造成为国内外交配套活动的目的地。践行睦邻、真诚、互利、包容的外交理念，营造与周边国家友好的外交环境，完善滇缅、滇越、滇印、滇老等合作机制，加快澜湄合作研究院与澜湄合作中心的建设进程，多渠道深化云南与周边国家多种形式的交流与合作，有序拓展人文交流渠道，增强云南在南亚、东南亚地区的影响力和话语权，加快云南企业"走出去"步伐。

（2）强化对外援助与对外经贸合作的联动

探索对外援助管理体制机制改革，做好对外援助管理体制的顶层设计，深化对外援助与对外经贸合作的统筹协调，建立对外援助与促进对外经贸发展的综合机制，加强与受援国政府主管部门和地方基层部门对接，优化对外援助的事前、事中、事后管理。由国家授权云南实施部分对澜湄国家的物资及技术援助项目、民生项目、援助澜湄国家的培训项目并参与管理。在国家授权下，兼顾使用好商业贷款、优惠贷款、无息贷款与优惠出口买方信贷，优先向境外合作园区及国际产能合作及重大战略性项目倾斜。统筹好各类援助基金的使用，重点开展向周边国家基层的生活设施、妇幼保健、生态环保、减贫扶贫、教育培训等民生项目。

（3）加快对外投资专业智库建设

根据德勤研究院 2018 年发布的"一带一路"投资指数，虽然次区域五国与中国都是全面战略合作伙伴关系，但是中国企业在各国投资受欢迎程度不一，其中，老挝和缅甸极高，泰国和柬埔寨较高，越南一般。借鉴国际咨询机构通行模式，设立专业化对外投资咨询机构，按照产研结合的方式，由专业化投资公司做理事或出资人，建设一批服务于对外投资合作的跨领域、跨学科的专业智库，为政府提供决策咨询服务、为企业提供专业咨询。紧贴澜湄流域产业融合联动发展的实际需要，对澜湄五国进行日常化调研、专项性研究和咨询服务，形成对云南企业对外投资战略决策、进出口贸易、项目落地实施、投资价值链整体提升的强有力支持，形成对特定专业领域的权威研究能力和辅助项目实施能力。建立同国内外会计师事务所、设计院、相关金融机构、律师事务所等智库机构的紧密伙伴关系，在政经、法律、金融、会计、税收、劳工、工程等领域建设合作形式多元、专业门类综合齐全的专家库。

（4）加强民间交流，营造良好的合作氛围

通过商会、艺术团、学术访问等多角度、多途径加强云南与澜湄国家间的沟通交流，打开民间对话通道，让澜湄国家人民多方面了解中国，多种形式表现中国开展区域合作交流的诚挚心愿。同时，引导云南企业在对外投资的过程中，关注当地实情，做好生态保护工作，就地、就近吸纳当地居民就业，注重人文关怀，维护好中国企业海外投资的良好形象，为澜湄流域产业融合联动营造良好的国际氛围。依据沿边实际，遵循共建共享原则，坚持以人为本，保障和改善民生，增加优质公共产品供给，提高边境地区公共服务水准，促进社会公平，有效增进沿边各民族居民的获得感、荣誉感、安全感和幸福感，全民共享改革发展成果。着力推进沿边开发开放与脱贫致富的有机整合，依托区域产业、资源优势，高效利用沿边开放政策和平台优势，构建共享型发展模式，推进边境地区经济稳步、持续发展，改善当地居民生产条件与生活水平，使沿边开发开放红利与沿边地区人民共存共荣、共盛共进、共享共荣。

五、改革赋权保障

云南省政府进一步建立完善与澜湄流域国家的双边协调工作机制，并对重大对外投资合作项目单独设立协调推进机制，加强对双边合作的统筹协调和指导服务，创新政府投入方式，积极发挥政府导向作用，努力创造透明公正的营商环境，为消除双边政策壁垒不断努力。这也为云南企业提供良好产业融合联动发展条件，以双边贸易便利化、要素流通化、投资互利化的营商基础与规则标准为目标，提供产业融合政策支撑，为落实澜湄地区产业融合联动发展提供强劲动力。

积极推进海外展览中心、境外仓库和国外物流监测中心建设。为加快构建澜湄地区营销新体系，政府应大力支持实力强劲的企业在越、老、缅、泰、柬五国设立境外仓库、营销会展中心、商务平台、物流监测中心与专卖店等。积极支持昆明机场、磨憨快件监管中心业务顺畅运行，优化完善快件监管模式，科学评估河口、瑞丽等省内其他快件监管中心申报需求，统筹研究布局意见并对申报建设给予大力支持。同时，云南充分利用南博会、昆交会等诸多平台，与澜湄地区众多终端消费者紧密结合在一起，深入了解当地关税、贸易壁垒及专业海关知识，为双边的产业合作提供良好的发展条件。

加快研究探索澜湄国家，建立自由贸易新模式。进一步巩固、深化同越、老、缅、泰等周边国家的海关合作，积极参与澜湄合作，以服务澜湄合作战略为重点，完善流域联合执法协调机制，继续深化在口岸通关效率管理、联合执法对接、海关技术监管、管理能力建设等领域的合作。进一步密切与越南海关贸易统计等方面的业务往来，如数据交换等，支持铁路等重大基础设施项目建设。借助抽样放行、申报放行、监管放行、验证放行等方式，依托企业分类、产品分级、监管分层等手段，简化放行审批环节，提高贸易自由便利化水平。

加强国际交流合作；加大财政对依托海外投资实体所设的对外投资合作基金支持力度；在"引进来、走出去"战略的带动下，推动云南高新技术设备、研发产品出口以及国内稀缺资源产品进口；积极探索实施政府购买服务方式，采购中介机构有关投资促进、专业咨询和人才培训等服务；加强税收指导，加快境外所得税抵免、多双边税收协定等优惠政策落地；加紧研究境外基础设施类 PPP 和 BOT 项目金融税收优惠政策，降低此类项目的预期收益率和融资担保标准。为澜湄地区产业融合发展提供更完善的政策支持。

加快国家跨境旅游合作示范区申报进程。在国家跨境旅游合作示范区相关规划、创建方案的科学指引下，探索并制定跨境旅游合作总体框架，争取尽快获得国家层面的示范区申报批准。规范跨境旅游线路、人员、车辆等相关因素的便利化程序，按照全域旅游模式，在游客市场具体发展目标的基础上，制定跨境合作示范区的长远目标。

第八章

结论与展望

第一节　主要研究结论

人类命运共同体倡导下，促进次级地方政府与次区域国家合作深化，是特定的时代背景、国家发展战略、国内体制改革等因素共同作用的结果。相比较而言，澜湄合作很大程度上突破了 GMS 的发展局限，建构起全方位的合作框架，契合了次区域合作深度发展的趋势。但是，如何进一步发挥经济合作向政治安全、社会文化等领域的"溢出"效应，如何处理好机制建设与次区域国家实际情况之间的平衡，如何处理好域外国家在次区域政治经济格局背后的博弈与制衡等，已成为澜湄合作需要审慎面对且亟须解决的问题。澜湄合作的深入推进还需要在合作领域、机制建设、合作主导权等方面，实现与次区域合作水平和层次的动态匹配。

结论一：本书将府际关系、府际治理纳入次区域合作的研究，借鉴并拓展了传统的国家内部次级政府合作研究内容，尝试构建次区域府际合作的分析框架。在人类命运共同体建设和"一带一路"倡议下，地方政府作为我国开展国际合作的重要实施主体，功能不可忽视。在强调国家层面的区域合作的同时，有必要将次区域合作落实并细化到地方政府，通过赋权、支持、扶持等手段激发地方政府参与次区域合作的积极性和能动性。次国家行为体（地方政府）参与次区域合作是一个实践过程。地方政府在参与区域合作的过程中，在承担具体执行和落实国家参与战略的同时，有着融入国际经济体系，促进地方经济发展，为自身谋求更大生存空间的内在需求。地方政府有动力积极与区域内的相关行为体交流互动，通过参与各项实践活动，不断拓展自己的活动空间，继而在一定程度上发挥推进与塑造区域合作进程的作用。由于当前的理论分析不能很好地解释地方政府的这种能动性和实践进程，本书提出一个新的框架，用于分析地方政府参与次区域合作过程中的能动性和实践进程，并以云南参与 GMS 为例进行验证。

结论二：通过"3+5+X"的合作框架，澜湄合作 GMS 的 2.0 升级版，实现多层次、多领域、多主体的府际合作"帕累托最优"。从博弈论来解释，在缺乏次区域合作机制前，澜湄次区域主体根据已知其他主体的发展策略，选择符合自己国家利益的最优策略，从而实现自身利益最大化，次区域所有国家策略构成了一个稳定的策略组合，具有典型的"纳什均衡"特征，即非合作博弈状态。假设在一个新的外部主体做出策略或内部某一主体变化策略情境下，新的策略可以使所有合作成员都受益，那么在实际磋商中，利益主体就会随动做出新的策略变化，次区域府际关系出现新的变化特征，并实现国家主体与次区域全局的利益更大化，打破原有的低层次的"纳什均衡"，实现次区域府际合作的"帕累托最优"。

结论三："畅澜湄机制必先强云南功能"成为我国推进澜湄合作的必然选择，本书分析得出"云南功能"在中国与湄公河流域国家推进命运共同体建设中的作用。澜湄合作将进一步促进中国西南地区的对外开放，特别是云南作为"面向南亚东南亚辐射中心"，在澜湄合作和"一带一路"建设中起着先导作用。中老磨憨—磨丁跨境经济合作区、中缅瑞丽—木姐跨境经济合作区、中越河口—老街跨境经济合作区，具有与澜湄地区产能合作与人文交流的重要基础。从地缘关系博弈来看，次区域大国府际合作推力具有两面性：在成员国积极响应的情境下，可以高效率实现府际合作成效；在成员国决策犹豫不决的情境下，畏惧"大国主义"反而会强化"民族主义"或"中间主义"，为府际合作增加阻力。作为次区域府际关系的补充，次级政府间的接触、磋商、交流与合作是有益的，也是必要的。云南经济实力仍然相对落后，自身功能与澜湄合作战略需求不匹配，严重制约云南在澜湄合作中发挥更大的作用。通过改革赋权、资源整合和培育主体，强化云南辐射中心建设，突破云南参与澜湄流域府际合作的关键困境，使云南在互联互通、公共服务、国际协调、人文沟通等方面有所作为，消除国家层面推进合作面临的地缘、文化等阻力，让各方共享区域联动发展的成果。

结论四：探索构建出次区域府际合作驱动机制的 APT-R 因子模型。与主权国家内部府际合作不同，次区域府际合作的主体是主权国家，缺乏行政隶属的纵向管理机制，参与主体的利益诉求与决策特征迥异，横向府际关系错综复杂。在次区域府际合作关系的达成依赖于各主体的合作意愿与行动可能，但主体权衡利弊做出合作决策受内外部环境、经济社会等诸多因素的影响，是一个复杂且漫长的过程。因此，剖析次区域府际合作的驱动因素、驱动机制尤为重要。本书进一步细化影响因素，厘清作用关系，从发展合作引力、发展梯度压力、战略协同推力和地缘博弈阻力四个维度进行梳理，构建出 APT-R 因子模型，分析并揭示实现次区域府际关系"帕累托最优"的动力机制。基于驱动机制模型，本书把影响澜湄次区域府际合作的因素（力量）从四个角度进行了实证分析，并揭示出产生的原因和高效的运作路径，对如何优化澜湄合作机制，如何增强澜湄合作府际治理和优化云南功能等方面提供理论指导。

结论五：根据府际治理框架，本书分析了"黄金四角"府际合作案例，提出了实施"黄金四角"府际合作，有助于将府际关系"问题区"向府际合作"试验区"转型。"金三角"地区长期受到毒品、民族战争、绝对贫困、交通闭塞、赌博等非传统安全的威胁，是全球最不发达地区之一和全球第二大鸦片生产区，是典型的"问题区"。同时，该区域具有开展能源开发、农业开发、旅游开发和人力资源开发的潜质，且部分资源富集。从府际合作和"南南合作"的角度来看，次区域府际治理"试验区"，具备"金三角"向"黄金四角"凤凰涅槃的可行性。本书提出相关政策如下：增加区域合作方面的实施纲领，由中央和地方以磋商共识共同推进"黄金四角"府际合作向良性方向发展；成立区域协调委员会，打破行政区划约束和单边主义，通过联席会议、交流协商的方式，共同讨论确定次区域内的重大发展问题；推进次区域经济发展领域的多主体参与，发挥非政府组织和民营经济参与的积极性与创造力；重点实施次区域内的交通水利基础设施建设、能源资源保护开发、流域生态环境保护、旅游资源与市场统一开发；制定统一的次区域市场竞争规则，促进投资便利化；协助次区域内各市、县、府和企业制定发展战略和规划，保证各级政府规划与次区域整体战略规划有机衔接；设立次区域共同发展产业基金，资金由参与国和各地方政府按照国内生产总值的一定比例缴纳，资金主要用于次区域内公共服务项目和其他确定项目的建设。

结论六：本书针对服务国家推进命运共同体需求和云南功能短板的供需矛盾，提出增强云南功能的五点建议和拓展云南参与路径的五大领域，充分发挥云南区位优势和开放功能，服务"一带一路"和澜湄人类命运共同体建设，使云南更好地融入国内、国际双循环新格局；充分发挥云南与湄公河国家文化相近、民族相亲的独特优势，促进立体交通与能源网互联互通；完善云南—老北、云南—越北、云南—泰北、滇缅合作论坛等地方合作机制，促进跨境产能合作；在澜湄合作机制下，发挥次级政府积极性，建立多级多边合作交流机制，增进次级政府间的府际合作；探索云南自贸区试点创新与经验推广，把云南与湄公河国家的合作打造为"亲诚惠容"理念指导下，中国与周边国家合作的成功典范。为更好发挥"云南功能"，建议在促进金融、人才等要素合理流动；培育和激发各类企业主体"走出去"；赋权云南与次区域次级政府之间府际合作；申报跨境旅游经济合作区；争取边贸往来便利化政策等方面先行先试，积极探索云南与湄公河国家在精准扶贫、旅游合作、人才培训、国际河流航道综合治理、边境事务管控、人文艺术交流等多领域的务实合作。

第二节　研究创新点

一、从驱动机制、情景模拟的微观层面论证得出"畅澜湄机制必先强云南功能"，顺利实施澜湄合作需要强化云南的辐射功能，这一观点成为学术界和政策制定者的共识。积极参与澜湄合作成为我国推进澜湄合作的必然选择。本书通过动力机制和微观主体决策过程模拟，揭示云南在次区域合作中的功能对于缓解地缘博弈阻力、增强合作引力、拓展合作领域的作用机理，支撑和验证了经验主义和宏观政策的可行性。

二、将府际治理理论纳入次区域研究是次区域合作研究的视角拓展。现有府际关系研究局限于中央—地方纵向关系研究、区

域间横向关系研究、城市群网络关系研究，将府际关系理论纳入
次区域研究尚处于空白。无论是地缘性次区域合作，还是飞地型
合作区建设，都对次级政府在次区域合作中的作用进行了分析，
同样适用于府际关系理论。因此，探讨云南融入澜湄合作的府际
关系研究，是将府际关系理论纳入次区域研究，是区域合作研究
的视角拓展，这符合澜湄机制倡导的多层次、多领域、多主体的
合作机制理念。

　　三、多学科方法集成的分析框架。本书围绕次区域府际关系
这一研究主题，将次区域合作理论、府际治理理论、地缘经济外
部性理论和演化博弈分析进行系统集成，从微观机理、中观区域
和宏观政策三个维度，构建了次区域府际关系研究的框架和模
型，比较分析了三种策略扰动下的府际关系演化过程与机制运行
效果，验证次区域府际关系研究框架的可行性和云南开展次级政
府之间府际合作的路径。

第三节　研究不足与展望

　　在研究数据方面，本书主要来源于地方年鉴、经济统计年鉴
和相关部门专题研究报告问卷。尤其是在第六章、第七章的行为
主体演化博弈，缺少问卷数据和访谈资料的支撑，难以获得行为
主体的个性化特征，使得研究结论出现偏差。在进一步的研究
中，要坚持社会学田野调查法，科学设计调查问卷，认真做好随
机调查，重点开展访谈，力争获取第一手客观数据。

　　在研究视角方面，受限于研究目标和框架设计，本书没有对
云南融入澜湄合作机制的具体路径展开翔实分析，尤其是在次区
域产业分工与府际合作跨境产能平台方面；在次区域命运共同体

建设背景下，科教文卫领域的辐射功能与人文交流沟通方式；在互联互通战略背景下，综合交通体系的空间布局与实施时序等方面有待进一步深化细化。此外，在强化云南辐射湄公河流域国家的功能，需要在国家层面针对性地赋权，进行通关便利化、投资便利化、地方政府府际交流权限、人民币跨境流通改革深化等方面，均没有深入论证，详细进行策略设计。

在研究方法方面，本书在模型构建与实证分析中，考虑府际关系影响因素的复杂性，剥离了诸多小概率因子，仅粗线条定义了次区域主体的利益诉求、决策特征、政策扰动，在下一步研究中，将细化因子分析，更加系统翔实地分析次区域府际合作的驱动机制。

参考文献

一、中文文献

［1］白当伟，王练文．东亚经济一体化宜从次区域合作开始［J］．开放导报，2002（8）．

［2］薄贵利．中央与地方关系研究［M］．长春：吉林大学出版社，1991．

［3］毕世鸿．机制拥堵还是大国协调—区域外大国与大湄公河地区开发合作［J］．国际安全研究，2013，31（2）．

［4］蔡岚．府际合作中的困境及对策研究［J］．行政论坛，2007，83（5）．

［5］蔡英辉，胡晓芳．府际关系的重新梳理与界定—中国省（部）级政府层面府际关系探究［J］．甘肃行政学院学报，2007，64（4）．

［6］曹明福，刘洋．"一带一路"倡议下中俄蒙区域经济合作研究——基于 GTAP 模型的实证分析［J］．财经理论研究，2018，185（6）．

［7］常思纯．日本为何积极介入湄公河地区［J］．世界知识，2018，1736（21）．

［8］陈迪宇．云南与"大湄公河次区域经济合作机制"［J］．国际观察，2008，96（6）．

［9］陈国权，李院林．论长江三角洲一体化进程中的地方政府间关系［J］．江海学刊，2004，(5)．

［10］陈红梅．中老缅泰湄公河流域执法安全合作的挑战［J］．东南亚研究，2014，211 (4)．

［11］陈辉，王爽．"一带一路"与区域性公共产品供给的中国方案［J］．复旦国际关系评论，2018 (1)．

［12］陈科霖．纵向府际关系视域下的中国国家治理研究：进路与比较［J］．甘肃行政学院学报，2018，129 (5)．

［13］陈丽斌．中国参与大湄公河次区域经贸合作的影响因素及对策研究［D］．湘潭：湘潭大学，2012．

［14］陈瑞莲，张紧跟．试论区域经济发展中政府间关系的协调［J］．中国行政管理，2002，(12)．

［15］陈文理，喻凯，何玮．府际治理：构建粤港澳大湾区网络型府际关系研究［J］．岭南学刊，2018，277 (6)．

［16］陈小鼎，区域公共产品与中国周边外交新理念的战略内涵［J］．世界经济与政治，2016，432 (8)．

［17］陈咏梅．论法治视野下府际合作的立法规范［J］．暨南学报（哲学社会科学版），2015，37 (2)．

［18］程永林．区域合作，利益协调与机制设计——基于泛珠三角与东盟跨边界次区域经济合作的研究［J］．东南亚研究，2009，179 (2)．

［19］崔龙，窦正斌．经济圈中府际合作的困境与对策分析［J］．天水行政学院学报，2011，12 (1)．

［20］崔龙．长三角一体化进程中府际合作机制的思考［J］．安徽行政学院学报，2011，02 (2)．

［21］崔艳萍，马欣然．大湄公河次区域铁路联盟发展的探讨［J］．铁道运输与经济，2015，37 (8)．

［22］戴永红，曾凯．澜湄合作机制的现状评析：成效、问题与对策［J］．国际论坛，2017，19（4）：6.

［23］邓涵．大湄公河次区域合作的困境与前途——兼论中国在其中的作用［D］．昆明：云南大学，2016.

［24］丁斗．东亚地区的次区域经济合作［M］．北京：北京大学出版社，2001.

［25］董军．我国府际合作模式和对策研究［D］．青岛：青岛大学，2009.

［26］杜涛．中国参与大湄公河次区域合作的新进展及前景展望［J］．印度洋经济体研究，2007，95（2）．

［27］房亚明．超大空间的有效治理：地方自治导向的分权？——论我国纵向府际关系的制度变革［J］．国家行政学院学报，2009，60（3）．

［28］傅永超，徐晓林．府际管理理论与长株潭城市群政府合作机制［J］．公共管理学报，2007，14（2）．

［29］高程．区域合作模式形成的历史根源和政治逻辑——以欧洲和美洲为分析样本［J］．世界经济与政治，2010，362（10）．

［30］郭来喜，何大明．中国老挝缅甸泰国毗邻部次区域国际合作开发问题［J］．云南地理环境研究，1995（1）．

［31］贺圣达，王士录．积极参与三大合作开发，着力推进次区域合作——新形势下云南与东南亚的次区［J］．学术探索，2000，000（5）．

［32］贺圣达．大湄公河次区域合作：复杂的合作机制和中国的参与［J］．南洋问题研究，2005（1）．

［33］胡佳佳．论加强云南与大湄公河次区域国家的农业合作［J］．曲靖师范学院学报，2005（2）．

［34］胡志丁，吴殿廷．次区域合作均衡及其政策含义——一个博弈论的视角［J］．国际经贸探索，2011，27（10）．

［35］胡志丁．次区域合作与边境安全及边界效应调控研究［M］．北京：人民出版社，2014．

［36］黄河，戴丽婷．澜湄合作机制框架下的区域性公共产品供给研究［J］．复旦国际关系评论，2019（2）．

［37］黄河，杨海燕．区域性公共产品与澜湄合作机制［J］．深圳大学学报（人文社会科学版），2017，34（1）．

［38］黄培清．大湄公河次区域合作背景下的中泰经贸合作研究［D］．暨南大学，2009．

［39］黄亚勤．大湄公河次区域经济合作的瓶颈因素［J］．求实，2003（S1）．

［40］姬贵阁，顾幼瑾．中小企业参与大湄公河次区域合作的SWOT分析——以云南企业为例［J］．东南亚纵横，2007，176（6）．

［41］金珍．大湄公河次区域经济合作与澜沧江—湄公河合作比较研究［D］．昆明：云南大学，2018．

［42］孔夏宁，闫秋利，李雪梅．金融发展对"泛珠三角"区域实体经济的实证研究［J］．中国集体经济，2017，534（22）．

［43］孔志国．澜沧江-湄公河次区域合作的社会人文研究［J］．历史学研究，2017，005（1）．

［44］澜湄次区域国际减贫合作的现状，问题与思考［J］．深圳大学学报（人文社会科学版），2017，34（3）．

［45］李晨阳．澜沧江—湄公河合作：机遇、挑战与对策［J］．学术探索，2016，194（1）．

［46］李洪佳．生态文明建设的多中心治理模式—制度供给、

可信承诺和监督 [J]. 内蒙古大学学报（哲学社会科学版），2016，48（1）.

[47] 李坚. 大湄公河次区域各国的金融业概况 [J]. 时代金融，2010，426（10）.

[48] 李天籽. 跨境次区域合作与中国沿边产业空间分布 [M]. 北京：社会科学文献出版社，2015.

[49] 李铁立. 边界效应与跨边界次区域经济合作研究 [M]. 北京：中国金融出版社，2005.

[50] 李伟，夏卫红. 城市群府际治理机制：区域经济一体化的路径选择 [J]. 天津行政学院学报，2011，13（5）.

[51] 李雪君. 房地产投资信托基金（REITs）市场风险因子研究——基于 APT 模型的分析 [D]. 北京：中国人民大学，2011.

[52] 李亚鹏. 基于网络化治理理论的京津冀生态治理的府际关系研究 [D]. 秦皇岛：燕山大学，2017.

[53] 李月起. 新发展理念下成渝城市群府际合作治理模式探索 [J]. 中国行政管理，2018，395（5）.

[54] 李正，陈才. 次区域合作背景下国际河流通航利用的冲突模式——澜沧江—湄公河与图们江的实践比较 [J]. 东北亚论坛，2013，22（2）.

[55] 李正升，王俊程. 基于政府间博弈竞争的越界流域水污染治理困境分析 [J]. 科学决策，2014，209（12）.

[56] 林森. 中老缅泰四国湄公河联合执法安全机制及其影响 [D]. 上海：复旦大学，2014.

[57] 林尚立. 国内政府间关系 [M]. 杭州：浙江人民出版社，1998：35.

[58] 林雄斌，杨家文，林倩. 都市区中心城与次区域跨界

协调发展探讨——以宁波为例 [J],城市观察,2015,38 (4).

[59] 刘畅.环境主义视角下的次区域合作 [D].北京:中国社会科学院研究生院,2020.

[60] 刘传春.中国对外合作机制的身份认同功能:以澜湄合作机制为例的分析 [J].国际论坛,2017,19 (6).

[61] 刘慧.复杂系统与国际关系研究 [D].北京:外交学院,2008.

[62] 刘均胜,澜湄合作:示范亚洲命运共同体建设 [J].中国经济周刊,2016,613 (13).

[63] 刘卿.澜湄合作进展与未来发展方向 [J].国际问题研究,2018,184 (2).

[64] 刘伟等.中国经济发展研究论丛(第二辑) [M].上海:上海远东出版社,1999.

[65] 刘晓娜,封志明,姜鲁光.中缅泰老"黄金四角"地区土地利用与土地覆被变化研究进展 [J].地理科学进展,2013,32 (2).

[66] 刘雪莲,李晓霞.论"一带一路"区域性公共产品的供给创新 [J].阅江学刊,2017,9 (5).

[67] 刘稚,李晨阳.大湄公河次区域经济合作发展报告:2011~2012 [M].北京:社会科学文献出版社,2012.

[68] 刘稚,卢光盛.大湄公河次区域经济合作发展报告:2014 [M].北京:社会科学文献出版社,2014.

[69] 刘稚,徐秀良,"一带一路"背景下澜湄合作的定位及发展 [J].云南大学学报(社会科学版),2017,16 (5).

[70] 刘祖云.政府间关系:合作博弈与府际治理 [J].学海,2007,103 (1).

[71] 柳思思."一带一路":跨境次区域合作理论研究的新

进路〔J〕. 南亚研究, 2014, 108 (2).

〔72〕龙开元. 大湄公河次区域合作的进展与未来挑战〔J〕. 中国科技论坛, 2010, 169 (5).

〔73〕卢光盛, 金珍. "澜湄合作机制"建设: 原因、困难与路径?〔J〕. 战略决策研究, 2016, 7 (3).

〔74〕卢光盛, 别梦婕. "成长的代价": 区域公共产品与中国周边外交〔J〕. 当代世界, 2017, 424 (3).

〔75〕卢光盛, 金珍. 超越拥堵: 澜湄合作机制的发展路径探析〔J〕. 世界经济与政治, 2020, 479 (7).

〔76〕卢光盛, 张励. 澜沧江—湄公河合作机制与跨境安全治理〔J〕. 南洋问题研究, 2016, 167 (3).

〔77〕卢光盛. 地区主义与东盟经济合作〔M〕. 上海辞书出版社, 2008.

〔78〕卢光盛. 国际公共产品与中国—大湄公河次区域国家关系〔J〕. 创新, 2011, 5 (3).

〔79〕卢光盛. 澜湄机制如何从湄公河地区诸多边机制中脱颖而出?〔J〕. 当代世界, 2016, 414 (5).

〔80〕卢光盛. 中国和大陆东南亚国家经济关系研究〔M〕. 北京: 社会科学文献出版社, 2014.

〔81〕吕健. 大湄公河次区域经济合作的博弈论分析〔J〕. 云南财经大学学报 (社会科学版), 2005, (5).

〔82〕罗玲妹. 国内府际合作行为的研究综述〔J〕. 乐山师范学院学报, 2013, 28 (2).

〔83〕罗圣荣, 杨飞. 澜湄合作与大国关系〔J〕. 复旦国际关系评论, 2020 (1).

〔84〕罗圣荣, 叶国华. 澜湄命运共同体建设的意义, 动因和路径选择〔J〕. 云南大学学报 (社会科学版), 2017, 16 (5).

[85] 罗仪馥. 从大湄公河机制到澜湄合作：中南半岛上的国际制度竞争 [J]. 外交评论（外交学院学报），2018，035（6）.

[86] 马捷，锁利铭，陈斌. 从合作区到区域合作网络：结构，路径与演进——来自"9+2"合作区191项府际协议的网络分析 [J]. 中国软科学，2014（12）.

[87] 毛胜根. 大湄公河次区域经济合作：发展历程、经验及启示 [J]. 广西民族研究，2012，107（1）.

[88] 彭班（LAOBANGHER PO）. 澜湄次区域非传统安全问题合作研究 [D]. 南宁：广西师范大学，2017.

[89] 彭冲. 中国参与大湄公河次区域经济合作研究 [D]. 长春：吉林财经大学，2011.

[90] 钱轶群，黄顺康. 我国贫困地区地方政府间关系模式探析——以武陵山经济协作区为例 [J]. 湖北民族学院学报（哲学社会科学版），2011，29（6）.

[91] 任保平. 新常态要素禀赋结构变化背景下中国经济增长潜力开发的动力转换 [J]. 经济学家，2015，197（5）.

[92] 任金明. 中国—东盟次区域经济圈的货币一体—利用OCA指数法对东亚次区域货币合作的研究 [J]. 管理观察，2008，346（21）.

[93] 任娜，郭延军. 大湄公河次区域合作机制：问题与对策 [J]. 战略决策研究，2012，3（2）.

[94] 任维德，乔德中. 城市群内府际关系协调的治理逻辑：基于整体性治理 [J]. 内蒙古师范大学学报：哲学社会科学版，2011，40（2）.

[95] 任维德. "一带一路"战略下的府际合作创新研究 [J]. 内蒙古社会科学，2016，37（1）.

[96] 任维德. 中国城市群地方政府府际关系研究 [J]. 内

蒙古大学学报（哲学社会科学版），2009，41（4）.

　　[97] 任晓林. 我国隐型府际关系的多样性特征与重构 [J].
延安大学学报（社会科学版），2016，38（6）.

　　[98] 任远喆. 奥巴马政府的湄公河政策及其对中国的影响
[J]. 现代国际关系，2013，280（2）.

　　[99] 沈国成，万玉秋，刘洁，等. 我国流域监管中府际关
系协调模式研究 [J]. 四川环境，2011，30（4）.

　　[100] 沈叶洋. 我国环境多中心治理模式构建困境及实现路
径研究 [D]. 成都：西南交通大学，2015.

　　[101] 石佑启. 论区域府际合作的激励约束机制 [J]. 广西
大学学报（哲学社会科学版），2016.38（6）.

　　[102] 思思. "一带一路"：跨境次区域合作理论研究的新
进路 [J]. 南亚研究，2014.

　　[103] 宋清润，宋均营. 澜沧江—湄公河下游五国期待"澜
湄机制" [J]. 世界知识，2015，1665（22）.

　　[104] 苏长和. 中国地方政府与次区域合作：动力，行为及
机制 [J]. 世界经济与政治，2010，156（5）.

　　[105] 苏力. 当代中国的中央与地方分权——重读毛泽东
《论十大关系》第五节中国社会科，2004（2）50.

　　[106] 孙倩. 中国参与大湄公河次区域能源合作现状与前景
展望 [J]. 现代经济信息，2013（4）.

　　[107] 锁利铭. 面向府际协作的城市群治理：趋势、特征与
未来取向 [J]. 经济社会体制比较，2016，186（6）.

　　[108] 谈谭. 中国主导大湄公河次区域国际公共产品供给的
路径分析——以中缅泰老四国大湄公河联合巡逻执法为例 [J].
同济大学学报（社会科学版），2017，28（4）.

　　[109] 汤敏. 成长三角区在亚太地区的发展及对我国的启示

[J]．太平洋学报，1995（2）．

[110] 陶鹏．中国应急管理纵向府际关系：转型，挑战及因应 [J]．南京社会科学，2015，335（9）．

[111] 田昕清．澜湄合作框架下的贸易和投资便利化研究 [J]．国际问题研究，2018，184（2）．

[112] 屠酥，胡德坤．澜湄水资源合作：矛盾与解决路径 [J]．国际问题研究，2016，173（3）．

[113] 汪湖泉．论社会救助法对纵向府际关系的调整 [J]．财经理论与实践，2016，37（3）．

[114] 王健，鲍静，刘小康等．"复合行政"的提出——解决当代中国区域经济一体化与行政区划冲突的新思路 [J]．中国行政管理，2004（3）：44-48．

[115] 王亮．大湄公河次区域经济合作的问题及启示 [J]．文山学院学报，2016，29（6）．

[116] 王敏正．大湄公河次区域合作情况及云南的地位和作用 [J]．珠江经济，2006（8）．

[117] 王敏正，杨继康．论大湄公河次区域合作在中国——东盟自由贸易区建设中的重要载体作用 [J]．经济问题探索，2003，19（3）．

[118] 王士录．建立中国西南与缅老泰越北部地区经济发展协作系统的思考 [J]．东南亚南亚研究，1995（1）．

[119] 王智勇，杨保建．云南省参与大湄公河次区域开发投资的现状与融资对策研究 [J]．云南财贸学院学报（社会科学版），2005（3）．

[120] 魏乾梅．基于经济与生态协同发展的珠江—西江经济带府际合作研究报告 [J]．梧州学院学报，2015，25（2）．

[121] 文宏，崔铁．矩阵式结构，网格化管理与多机制保障

——运动式治理中的纵向府际合作实现 [J]. 四川大学学报（哲学社会科学版），2015，198（3）.

[122] 吴东镐. 我国中央与地方关系的法治化议题 [J]. 当代法学，2015，29（4）.

[123] 吴江龙，刘伶俐. 从"单位治理"到"社会治理"：城市基层的治理模式变迁——基于多中心治理理论的视角 [J]. 青少年研究与实践，2015，30（3）.

[124] 吴帅，陈国权. 中国地方府际关系的演变与发展趋势——基于"市管县"体制的研究 [J]. 江海学刊. 2008，253（1）.

[125] 吴昕春. 城市群发展与地方政府间关系模式 [J]. 安徽教育学院学报，2007，133（5）.

[126] 谢庆奎. 中国政府的府际关系研究 [J]. 北京大学学报（哲学社会科学版），2000（1）.

[127] 辛恺. 城市群发展中的府际合作模式研究—以珠三角城市群为例 [D]. 湛江：广东海洋大学，2013.

[128] 邢伟. 澜湄合作机制视角下的水资源安全治理 [J]. 东南亚研究，2016，91（6）.

[129] 徐康宁，王剑. 要素禀赋，地理因素与新国际分工 [J]. 中国社会科学，2006（6）.

[130] 徐小梅. 图们江次区域经济合作现状，问题及对策研究 [D]. 成都：西南财经大学，2013.

[131] 许红艳. 大湄公河次区域劳工移民研究 [J]. 东南亚纵横，2013（4）.

[132] 杨洁勉. 大整合：亚洲区域经济合作的趋势 [M]. 天津：天津人民出版社，2007.

[133] 杨景胜，谢文燕，梁熙. 泛珠三角区域合作背景下珠

三角城市群产业结构演化特征及其优化［C］//廊坊市应用经济学会.对接京津——解题京津冀一体化与推动区域经济协同发展（对接京津与环首都沿渤海第 13 次论坛二）论文集,2016.

［134］杨晓辉.中,老,缅,泰"四角"经济合作计划探析［J］.东南亚研究,1999（2）.

［135］杨焰婵.中老缅泰湄公河安全合作形势探析［J］.云南警官学院学报,2013,100（1）.

［136］卢广盛,金珍."澜湄合作机制"建设:原因、困难与路径［J］.战略决策研究,2016,7（3）.

［137］辛明霖.治理理论下构建地方政府公共服务模式——基于多中心治理模式视角［J］.牡丹江大学学报,2018,27（9）.

［138］余曷雕,蔡旭阳,卢丽.成长三角:理论与现实——图们江与湄公河地区"成长三角"开发实践的比较［J］.东北亚论坛,1999（4）.

［139］潘玉君,武友德.地理科学导论（第二版）［M］,北京:科学出版社,2014.

［140］袁珠盈.云南参与大湄公河次区域经贸合作的机遇、挑战与前景［J］.云南财贸学院学报（社会科学版）,2003（1）.

［141］张紧跟.当代美国地方政府间关系协调的实践及其启示［J］.公共管理学报,2005,2（1）.

［142］张紧跟.当代中国政府间关系导论［M］.北京:社会科学文献出版社,2009.

［143］张紧跟.以府际治理塑造新型央地关系［J］.国家治理,2018,180（12）.

［144］张经远.论伙伴型城市府际关系的构建［J］.湖北社会科学,2007（1）.

［145］张磊, 武友德, 李君, 等. 中缅泰老"黄金四角"地区缅甸段土地利用与景观格局变化分析［J］. 世界地理研究, 2018.

［146］张励, 卢光盛, 伊恩·乔治·贝尔德. 中国在澜沧江—湄公河跨界水资源合作中的信任危机与互信建设［J］. 印度洋经济体研究, 2016 (2).

［147］张励, 卢光盛. 从应急补水看澜湄合作机制下的跨境水资源合作［J］. 国际展望, 2016, 8 (5).

［148］张树兴. 中国西部地区生态文明建设与澜湄合作机制的完善［C］//中国法学会环境资源法学研究会. 河北大学区域环境资源综合整治和合作治理法律问题研究——2017 年全国环境资源法学研讨会 (年会) 本书集, 2017.

［149］张泰城, 厉敏萍. 论我国区域经济合作中政府间关系的协调［J］. 现代经济探讨, 2008, 316 (4).

［150］张锡镇. 中国参与大湄公河次区域合作的进展、障碍与出路［J］. 南洋问题研究, 2007, 131 (3).

［151］张晓宇. 澜沧江—湄公河次区域交通运输业发展战略研究［D］. 大连: 大连海事大学, 2007.

［152］张闫龙. 财政分权与省以下政府间关系的演变——对 20 世纪 80 年代 A 省财政体制改革中政府间关系变迁的个案研究［J］. 社会学研究, 2006 (3).

［153］张志红. 当代中国政府间纵向关系研究［M］. 天津: 天津人民出版社, 2005.

［154］赵辰霖, 徐菁媛. 粤港澳大湾区一体化下的粤港协同治理——基于三种合作形式的案例比较研究［J］. 公共行政评论, 2020, 013 (2).

［155］赵永茂, 朱光磊. 府际关系: 新兴研究议题与治理策

略 [M] . 北京：社会科学文献出版社, 2012.

[156] 钟惟东. 中国地方政府参与"一带一路"沿线区域性公共产品提供的路径和风险研究——以新疆，云南，广西，黑龙江为例 [J] . 复旦国际关系评论, 2018 (1).

[157] 周可仁. 中国与亚洲区域经济合作 [J] . 领导决策信息, 2002, 19.

[158] 周士新. 澜沧江—湄公河合作机制：动力、特点和前景分析 [J] . 东南亚纵横, 2018, 219 (1).

[159] 周毅，凌云志，莫小莎. 广西参与大湄公河次区域合作的战略构想与对策 [J] . 经济研究参考, 2006, 25.

[160] 周瑜. 中国东北地区与俄远东地区空间经济联系，地缘经济关系与经贸合作 [D] . 大连：东北财经大学, 2017.

[161] 朱辉. 中国与澜湄国家农产品贸易竞争性与互补性研究 [J] . 世界农业, 2018, 470 (6).

[162] 朱显平，姜永铭. 论跨国次区域经济合作的性质 [J]. 延边大学学报（社会科学版）, 2008, 148 (2).

[163] 朱最新. 区域合作视野下府际合作治理的法理界说 [J] . 学术研究, 2012, 334 (9).

[164] 邹春萌. 云南参与大湄公河次区域物流合作的进展，问题与趋势 [J] . 学术探索, 2009, 125 (5).

二、英文文献

[1] JOHNSON G W, KETTLE D. Sharing Power：Public Government and Private Markets [M] . Washington：Brookings Institution, 1994.

[2] Walter J M Kickert, Erik Hans Klijn, Dr Joop F M Koppenjan. Managing Complex Networks：Strategies for the Public Sector

[M] . London: Sage Publications ltd, 1997, 29 (1).

[3] KANBUR R, SANDLER T, MORRISON K. The Future of Development Assistance: Common Pools and International Public Goods [J] . Staff General Research Papers, 1999, 31 (4).

[4] SCALAPINO R A. The United States and Asia: Future Prospects [J] . Foreign Affairs, 1991, 70 (5).

[5] HAAS, ERNS B. Technological sel−reliance for Latin America: the OAS contribution [J] . International Organization, 1980, 34 (4).

[6] Anderson J and L. Dowd Borders, Border Regions and Territoriality: ContradictoryMeanings, Changing Significance [J] . Regional Studies. 2010, 33 (7).

[7] WEBSITE D T L V. Intergovernmental relations [J]. Public Administration, 1957, 31 (4).

[8] ANDERSON W W, JAROS R M. BASILAR ARTERY DISEASE−Clinical Manifestations [J] . California medicine, 1960, 92 (6).

[9] JONES M. Restructuring the local state: economic governance or social regulation? [J] . Political Geography, 1998, 17 (8).

[10] SORENSEN E. Democratic Theory and Network Governance [J] . Administrative Theory & Praxis, 2002, 24 (4).

[11] PETER BOGASON. The Democratic Prospect of Network Governance [J] . American Review of Public Administration, 2006, 36 (1).

[12] INGO WINKLER. Network Governance Between Individual and Collective Goals: Qualitative Evidence from Six Networks [J].

Journal of Leadership and Organization Studies, 2006, 12 (3).

[13] OOI GIOK – LING. The Indonesia – Malaysia – Singapore Growth Triangle: Sub–Regional Economic Cooperation and Integration [J] . Gealournal, 1995, 36 (4).

[14] SCALAPINO R A . United States and Asia: Future Prospects [J] . Forgn Aff, 1991, 70 (5).

[15] JACOBS J W. The United States and the Mekong Project [J] . Water Policy, 2000, 1 (6).

[16] OGASAWARA T . Development of the Mekong Region as Part of Japan's Diplomatic Strategy for East Asia [J] . Asia–Pacific Review, 2015, 22 (1).

[17] LAURI H , MOEL H D , WARD P J , et al. Future changes in Mekong River hydrology: impact of climate change and reservoir operation on discharge [J] . Hydrology and Earth System Sciences, 2012, 9 (5).

[18] PEARSE–SMITH S W D . Water war in the Mekong Basin? [J] . Asia Pacific Viewpoint, 2012, 53 (2) .

[19] LE B H , NGUYEN D Q , VU K T , et al. Economic Cooperation in the Greater Mekong Sub – Region [J] . Journal of Economic Integration, 2020, 35 (2) .

[20] MAKIM, A. Resources for security and stability? The politics of regional cooperation on the Mekong, 1957–2001 [J] . Journal of Environment & Development A Review of International Policy, 2002, 11 (1) .

[21] SIMON TILLEARD, JAMES FORD. Adaptation readiness and adaptive capacity of transboundary river basins [J] . Climatic Change, 2016, 137 (3-4).

［22］ CHHEANG V . Environmental and economic cooperation in the Mekong region ［J］ . Asia Europe Journal, 2010, 8 (3) .

［23］ Ho S. River Politics: China's policies in the Mekong and the Brahmaputra in comparative perspective ［J］ . Journal of Contemporary China, 2014, 23 (85).

［24］ LIEBMAN, ALEX. Trickle – down Hegemony? China's "Peaceful Rise" and Dam Building on the Mekong. ［J］ . Contemporary Southeast Asia: A Journal of International & Strategic Affairs, 2005.

［25］ YEOPHANTONG, PICHAMON. River activism, policy entrepreneurship and transboundary water disputes in Asia ［J］ . Water International, 2017, 42 (2).

［26］ KUMMU M, VANS O . Sediment – related impacts due to upstream reservoir trapping, the Lower Mekong River ［J］. Geomorphology, 2007, 85 (3-4) .

后　记

进入 21 世纪以来，随着中国国际地位的稳步提升，综合实力的显著增强，中国在国际合作中的角色和定位已逐渐从参与、配合向构建、倡导甚至引领、主导转变。"中国倡议""中国声音""中国方案"开始走上国际舞台，开启全球和区域治理的新模式。澜湄合作作为中国倡导建立的新型次区域合作机制，促进了澜湄区域六国各个领域务实合作深入推进，政治互信不断提升，经济贸易快速发展，共同利益持续扩大，睦邻友好关系更加巩固。与此同时，由于地缘政治重要性、民族宗教复杂性、国家实力悬殊、民粹主义盛行、发展理念差异、深度贫困及域外势力的影响等，导致次区域各国既处于互动活动增多、程度增强，不断获取澜湄合作的收益的同时，又出于各方面考量主动或被动地做出不同的决策，在一定程度上制约了次区域合作的发展进程。而且，次区域内不同合作机制互相嵌套、重叠交错，有一定的复杂性和挑战性。

传统地缘政治与府际关系理论中，主权国家一直是构建跨区域合作的主体。随着次区域合作机制的深化，合作领域不断扩散，路径不断延伸，主体多层级下沉，国家内部的次级政府逐渐参与到次区域府际合作中，次级政府的拓展功能和合作效果也不断提升。

在此背景下，云南作为地方政府，拓展对外合作活动空间，提升府际关系治理水平，探索融入澜湄合作路径，能够有力助推国家实现对于次区域合作支撑、引领的主体功能，推进与塑造次区域合作进程，促进澜湄合作全面健康发展，充分发挥云南区位优势和开放功能，服务于"一带一路"和澜湄人类命运共同体建设，使云南更好地融入国内、国际双循环新格局。

因此，本书研究将视角下移至次级政府与多主体合作；研究领域拓展到全合作领域研究；研究方法框架多学科交叉，运用新方法填补经验主义研究空白，更加注重实证，关注云南、广西等次区域合作参与主体的实证研究。综合借助府际关系理论、次区域合作理论和演化博弈理论构建分析框架，建立 APT-R 因子模型，将复杂、繁多的影响因素梳理为发展引领、梯度压力、战略合力和博弈阻力，形成对复杂次区域合作影响因素的归纳方法与驱动结构。

专著完成过程中，从资料的收集整理到模型的推导验证，作者付出了大量的时间和精力，得到了相关专家的悉心指点和同人的热心帮助。每个人在探求学问的过程中，都经历了起初的迷惘，继而的执着和最终的顿悟。每个点滴的顿悟都离不开辛勤的汗水和付出，都是人生道路上不可或缺的惊喜和感动，或许能够成为社会科学文化一定领域的某一簇星星之火。